Longevidade

Viver Mais e Melhor

Longevidade

Viver Mais e Melhor

Prof. Dr. Irany Novah Moraes

ROCA

ISBN: 85-7241-504-1

CIP-BRASIL CATALOGAÇÃO-NA-FONTE
SINDICATO NACIONAL DOS EDITORES DE LIVROS, RJ

M82L
Moraes, Irany Novah, 1926 –
Longevidade : viver mais e melhor / Irany Novah Moraes. – São Paulo : Roca, 2004

Anexo
Inclui bibliografia
ISBN 85-7241-504-1

1. Longevidade. 2. Envelhecimento. 3. Hábitos de saúde. 4. Qualidade de vida. I. Título.

04-0276. CDD 612.67
CDU 612.67

2004

EDITORA ROCA LTDA.
Rua Dr. Cesário Mota Jr., 73
CEP 01221-020 – São Paulo – SP
Tel.: (11) 3331-4478– Fax: (11) 3331-8653
E-mail: vendas@editoraroca.com.br – www.editoraroca.com.br

Impresso no Brasil
Printed in Brazil

Índice

Apresentação

Perdoem-me por ser prolixo;
não tive tempo suficiente para ser lacônico.
PADRE VIEIRA

Dar nome a uma publicação é o que se pode chamar "síntese do resumo". A resenha de um livro costuma apresentar o resumo de seu conteúdo mas, no momento de dar o título a um livro, o autor tem que ser preciso e conciso, indicar todo o seu conteúdo e apenas ele. É a síntese em poucas palavras.

Numa tempestade de idéias à procura de título para esta obra, surgiu mais de uma dúzia de palavras, que foram sendo registradas na ordem de seu aparecimento. Nesse exercício de busca apareceram: ENVELHECER, ENVELHECIMENTO, O ENVELHECIMENTO, ENVELHECIMENTO RETARDADO, EVITE ENVELHECER, EVITE O ENVELHECIMENTO, O QUE É ENVELHECER, ENVELHEÇA DEPOIS, ENVELHEÇA MAIS TARDE, RETARDE O ENVELHECIMENTO, PROTEJA SEU FUTURO e, finalmente, a expressão *LONGEVIDADE – VIVER MAIS E MELHOR*. Essa foi a escolhida.

O exame do conjunto de termos levou a uma reflexão, conduzindo o pensamento de maneira a focalizar as idéias finais, lidas com ênfase, exteriorização de um sentimento íntimo de que naquele ponto estaria o que se procurava.

O diálogo com o autor da capa – o artista NABIH MITAINI – fez surgir, com natural espontaneidade, a expressão que ele repetiu: LONGEVIDADE –

VIVER MAIS E MELHOR; ato contínuo, completou: "Já criei a capa – uma ampulheta inclinada medindo o tempo que passa lentamente." A idéia foi por ele captada no "campo magnético" da inspiração artística, imaginando a figura que simbolizaria "frear o tempo" para aumentar a juventude.

Não bastava a força da ilustração, a tempestade de idéias continuou, quando então a DRA. MARISA CAMPOS MORAES AMATO, com seu espírito científico-analítico, decompôs a palavra LONGEVIDADE fazendo aparecer três fragmentos: LONGE, VIDA E IDADE. Cada um deles encerrando a idéia completa, indicativa por si da preocupação com o que foi tratado na obra.

VIVER MAIS E MELHOR não chega a ser um subtítulo mas, de certa forma, completa o título e é ambigüidade decorrente da ausência da palavra "tempo" induzindo, assim, as idéias: *viver mais tempo* ou *viver melhor mais tempo*. "Viver mais tempo" é uma esperança; "viver melhor" já pode ser uma certeza.

Quando ocorre um fato raro, imediatamente depois ele se repete. Tal observação foi feita pelo anatomista francês VELPEAU, que a registrou como *dualidade dos fatos raros* e que passou para a história como uma lei que leva seu nome.

No pronto-socorro do Hospital das Clínicas da Faculdade de Medicina da Universidade de São Paulo, em uma só noite deram entrada dois casos seguidos de amputação "voluntária" do pênis. O primeiro paciente alegou que, por não o usar, achara conveniente cortá-lo; o segundo contou uma história mais longa descrevendo que, ao tomar banho, às 3h da madrugada, caíra sobre uma torneira que o emasculou. Tal natureza de lesão não havia ocorrido antes e jamais foi registrada outra vez.

Assim, também no mesmo dia em que ficou resolvido o título do livro: *LONGEVIDADE – VIVER MAIS E MELHOR*, coincidentemente o jornal Folha de São Paulo, A2 – segunda-feira, 28 de julho de 2003, deu, sob o título LONGEVIDADE, a notícia cujo teor transcrevo: "Longeva era minha avó, que morreu aos 105 anos, sem óculos nem bengala, com sessenta netos e a correspondência em dia." Anita Arruda Botelho Junqueira Franco, 99 anos, que revisitou a Avenida Paulista de 1919 em um "passeio virtual" concebido para uma exposição em São Paulo, na Folha.

Longevidade, reconheço, não é de uso tão raro assim, mas também não é expressão que se leia todos os dias; entretanto, com essa preocupação da genética moderna e com o empenho que a classe médica está revelando ultimamente, espero que seja realidade a se concretizar para a próxima geração.

A construção da ampulheta inclinada, vertendo areia de maneira a induzir maior demora no início da vida, sugere expansão da juventude. O artista NABIH MITAINI conta como elaborou, experimentalmente, a representação dessa idéia – "O desafio da ilustração era representar o alongamento do tempo de vida. A imagem da ampulheta veio de pronto à mente. Na posição vertical, a areia passa de uma câmara à outra num fio contínuo, tomando na base a forma de um cone, diferentemente de um líquido que se espraia horizontalmente. Para diminuição da velocidade de queda da areia e, conseqüentemente, para o alongamento do tempo de passagem pelo gargalo, bastava a imagem de uma ampulheta inclinada, com o cuidado de manter o fio de queda distante o suficiente da parede lateral da câmara inferior, de modo a representar o escoamento natural. De posse de um vaso inclinado, areia bem fina e de um canudo, simulamos o escoamento. Evidentemente, a formação do vértice do cone afasta-se do eixo da ampulheta. Configura-se, assim, a expressão do experimento. Restava, apenas, elaborar a arte da figura com fidelidade."

Louvo a existência de editoras de livros médicos no Brasil. O livro médico costuma ser diferente dos demais pela freqüente necessidade de ser ilustrado. Isso exige mão-de-obra muito qualificada. Em que pese os grandes progressos da tecnologia, particularmente na área da computação, há que ter pessoal com mais competência. Todos esses fatores são encarecedores do produto final.

Não fosse apenas por esse aspecto, o que já revelaria elevado espírito público da parte do editor, acresce ainda o fato de o universo a que se destina ser restrito. No país, temos hoje, em atividade, quase duas centenas de milhar de médicos e mais de uma centena de escolas médicas que diplomam anualmente cerca de dez mil jovens. Há de se convir que o jovem médico ainda não tem dinheiro para formar sua biblioteca; os demais já tem suas áreas de interesse definidas. Assim, fica limitado o número de possíveis compradores.

O editor, para sobreviver a tal situação, precisa ter dois dotes: inteligência, para driblar todas as barreiras e fé, para manter a esperança no futuro do país. Tais são os predicados da Editora Roca, que há três décadas se dedica com entusiasmo a esse mister.

Estes são os encômios que, na condição de autor sempre acolhido pelo seu Presidente, Sr. Casimiro Payá, devo registrar nesta obra.

PROF. DR. IRANY NOVAH MORAES

Prefácio

A especialização é a força expansiva do progresso, mas ela traz em si o germe da regressão intelectual e espiritual, e tudo que se ganha em profundidade, é perdido em extensão. O homem fica confinado em um ponto, sacrificando, assim, a maneira de encarar sua ciência e a visão universal do mundo.

Ignácio Chaves

A tendência da medicina do século XX foi a crescente especialização. Isso decorreu do grande progresso da ciência e da tecnologia, tornando impossível seu domínio por um homem só. Embora tenha trazido enorme benefício para a assistência ao doente, em áreas restritas do conhecimento, também resultou em um grande mal – fragmentou a medicina – e, por conseqüência, extinguiu o clínico geral de antigamente, fez desaparecer o médico de família, procrastinou o aparecimento do generalista. Poucos são os expoentes remanescentes dessa transformação. Cumpriu-se a previsão de Ignácio Chaves: perdeu-se a visão global do paciente.

No universo médico pós-especialização restou a pediatria e, em particular, a puericultura que não se privou das conquistas do progresso e nem por isso perdeu de vista a criança como um todo. Não se pode negar que, embora as pressões para a fragmentação sejam permanentes, ela continua fiel à sua doutrina básica: a atenção global à criança. Assim ocorre graças à sua preocupação de cuidar do indivíduo em um *período de vida,* e não do paciente que tem *um órgão doente*. O que houve com a pediatria e a puericultura espera-se que se deva dar com a geriatria e com a gerocultura. Cuidar do indivíduo num período de vida, como um todo, sem fragmentar a medicina, mas utilizando as conquistas das especialidades para garantir uma velhice saudável. A geriatria não pode se abster da colaboração dos especialistas para tratar os pacientes que padecem das doenças que atingem o idoso. A gerocultura deve cuidar do indivíduo antes de ficar doente e, também, antes de envelhecer, para garantir a qualidade de vida no presente e no futuro. O período inicial desses cuidados deve estar na adultícia ou, mesmo, na juventude, pois nessa fase os maus hábitos podem prejudicar a vida e estragar, definitivamente, sua qualidade.

Os processos fisiológicos, que na criança vão evoluindo com o crescimento, após a fase adulta vão declinando, lenta e progressivamente. Alguns, porém, manifestam-se com relativa precocidade, embora não sempre na mesma seqüência, como nos casos do fluxo sangüíneo renal, da taxa de filtração glomerular, da freqüência cardíaca máxima, do débito cardíaco ao esforço, da tolerância à glicose e da imunidade celular. É de se registrar, ainda, que com a idade algumas doenças tornam-se mais dificilmente diagnosticáveis, dando a impressão de que se tornam ocultas por mais tempo.

A vivência em serviços de pronto-socorro mostra a dificuldade que se tem de diagnosticar apendicite aguda em idoso. Não existe a sintomatologia comum. O quadro clínico é totalmente diferente chegando, mesmo, a confundir o inexperiente quanto à natureza e à localização do problema.

Outra manifestação que muita vez engana é a confusão mental pois, no idoso, pode decorrer de pequena desidratação; entretanto, o médico menos experiente tem sempre tendência a atribuí-la a drogas ou a processos cerebrais. O idoso apresenta alterações na composição de seu organismo, como por exemplo aumento de gordura e diminuição da água.

Todo médico deve ter em mente que, quando está cuidando de idoso, o raciocínio clínico é diferente do convencional para o jovem ou para o adulto.

Com o passar do tempo, as pessoas sempre acabam tendo que tomar, rotineiramente algum remédio. O médico não pode esquecer de que qualquer fármaco, no idoso, tem comportamento diferente daquele do jovem e do adulto. Assim, com a função renal diminuída, as drogas são lentamente eliminadas, ou seja, farmacocinética, absorção, distribuição e localização nos tecidos modificam-se, alterando sua ação, tornando-a diferente do que habitualmente acontece nas outras fases da vida.

Armadilhas do Destino

Quem não sabe o que procura, não sabe interpretar o que acha.
Claude Bernard

O privilégio de cuidar do ser humano na fase de crescimento dá à pediatria uma grande responsabilidade, mas com a enorme vantagem de o paciente trazer consigo grande potencial para se desenvolver. Nesse ponto a responsabilidade da geriatria é muito maior, uma vez que seu paciente tende ao declínio. Aqui está o papel da gerocultura: desarmar as ciladas que a natureza coloca na estrada da vida, alongando a juventude e a adultícia, para assim procrastinar a velhice.

A luta da gerocultura deve se revestir da mais arguta estratégia. O médico precisa, prioritariamente, ter *visão global do paciente*, muito *bom senso* e obedecer aos *princípios fundamentais do exame clínico*, como: a) ouvir atentamente as queixas do paciente e as informações de seus familiares; b) examinar o paciente de maneira sistemática, não esquecendo nem mesmo de sentir seu hálito e odores de suas secreções; c) interpretar os sinais e todos os dados obtidos; d) ser criterioso para solicitar exames; e) ter muita prudência para estabelecer a conduta.

A capacidade individual de resolver as necessidades próprias diminui lenta e progressivamente, chegando a ponto de pequenos incidentes ocasionais representarem sinais prodrômicos de uma doença.

No idoso, diferentemente do que ocorre com o jovem e com o adulto, as doenças não costumam iniciar com as características habituais e bem conhecidas. O mesmo pode se dar, também, com surtos agudos de uma doença crônica, já bem conhecida do próprio paciente. Tais variações dão a impressão de que a idade age "descalibrando" as respostas.

Após certa idade, o indivíduo tem tendência natural a ficar desnutrido. Seja por alimentar-se mal, devido a má absorção, pelo pequeno aproveitamento por parte do organismo ou por não ter reservas nutricionais.

Depois da juventude, da segunda década de vida, predominando a partir da quarta, a massa muscular cai rápido e de modo progressivo, concomitantemente com o metabolismo basal.

O idoso quase sempre ingere menos calorias ao dia, com nítida predominância do *carboidrato*. No que diz respeito às *gorduras*, a tendência é trocar as boas pelas más, passando, assim, para as saturadas. No que concerne às *proteínas*, manter o mesmo hábito e ingerir a mesma quantidade habitual diante da nova condição é insuficiente, por não suprir a perda da massa muscular. A *albumina* diminui com significativo predomínio do contingente intravascular sobre o intersticial; as *lipoproteínas* vão para as artérias. O *cálcio* é menos absorvido, causando osteoporose. Tal deficiência atinge mais a mulher, a partir dos 60 anos e depois o homem; o *ferro* deficitário provoca anemias; o *zine*o diminuído dificulta a cicatrização; a falta de *magnésio* determina excitabilidade muscular, convulsões, ataxias, tremores, fraqueza, instabilidade emocional. A falta de *vitaminas* pode ser responsável pela perda do "bem-estar", sendo que a carência de B_{12} pode causar demência. *Fibra* é estimulante da motilidade intestinal e aumenta o volume das fezes. Há indícios de seu valor no alívio das diverticulites e do colo irritável.

A perda de peso, por si só, não significa desnutrição, pois ser magro não implica em estar desnutrido. Qualquer doença pode prejudicar a alimentação e produzir perda de peso, não sendo obrigatoriamente uma doença gastrintestinal, podendo, porém, ser indício de qualquer outra. Deve sempre ser lembrado que a tireotoxicose ocorre em 1% dos idosos e aparece como depressão.

Com o passar dos anos, as papilas gustativas se gastam e o indivíduo tem a *percepção da sede* prejudicada. Em adição, decaindo os níveis do hormônio antidiurético e da aldosterona (hormônio da córtex supra-renal), que provocam a perda de sódio e a retenção do potássio, fica alterada a hemodinâmica renal, o que leva a diminuir a água corpórea. No adulto jovem a água representa 60% do peso e, com a idade, chega a 45%.

Pequenas carências como deixar de beber água em dia de calor podem causar mal-estar, náusea, dor e estresse emocional. Deve-se lembrar que tais situações podem ser agravadas pelo fato de o paciente estar tomando diurético ou outra medicação que interfira nesse equilíbrio.

Para sintetizar essas idéias em uma única frase, basta lembrar J. Harvey Kellogg, quando recomenda "coma a metade, beba três vezes mais, ria quatro vezes mais e alcançarás a longevidade".

O organismo humano dispõe de um complexo sistema de *regulação do calor*. O controle térmico do corpo é obtido por *mecanismo neuroendócrino* e *autônomo*, fazendo evaporar água pela pele, em contingente de 65% e em 30%, pelo pulmão.

O calor leva à vasodilatação, que desencadeia imediato aumento da freqüência cardíaca.

Quando a temperatura ambiental está igual ou superior à corpórea não há perda de calor, pois o resfriamento, pelo suor, está bloqueado. A idade reduz a eficácia da evaporação para resfriar o corpo. Há dois tipos de intermação: apenas com depleção de água e com depleção de água e de sal. Os cardíacos correm perigo maior que os demais pacientes, pois sua resistência ao estresse cardíaco é menor. Os idosos têm resposta hipodinâmica. As perturbações causadas pela intermação são câimbras, exaustão, anorexia, náusea, vômitos, desorientação, hipotensão postural.

Há fatores agravantes que devem ser lembrados, como incapacidade de se cuidar, alcoolismo e doença mental.

Síncope, comumente chamada *desmaio*, não é doença, mas sintoma de várias doenças. O idoso tem síncope 25% mais vezes do que o adulto e o jovem, em razão de deficiência no afluxo de oxigênio ao cérebro. São várias as causas: hipotensão arterial, alterações metabólicas, cardiopatias, perturbações cerebrais e embolia pulmonar.

Alguns sintomas, como tontura e falta de equilíbrio, podem ser desencadeados por certos movimentos da cabeça. Devem ser atentamente estudados pela eventual possibilidade de ser prenúncio de problema neurológico.

Marcha é a sucessão alternada de movimentos dos membros inferiores, com uma fase de apoio e outra de projeção do corpo, que determinam a locomoção bípede do indivíduo. Cada segmento de progressão resultante do conjunto de movimentos que levam o corpo de uma situação de apoio sobre um dos pés à do outro é denominado *passo*. A musculatura tem papel relevante e propicia o apoio do corpo sobre um dos pés enquanto o outro, perdendo contato com o solo, também à custa da força muscular aplicada sobre os ossos, num sistema de alavancas, se desloca no sentido de progressão.

A complexidade do comando desses movimentos perfeitamente sincronizados é fácil de entender, mas nunca se pode esquecer que um passo errado pode ser dramático na vida de qualquer indivíduo.

As dificuldades no andar podem aparecer precocemente com manifestações ocasionais ou insipientes, que sempre precisam de muita atenção, porque a queda e sua recorrência podem ter conseqüências graves. A progressão desse quadro determina grande limitação na autonomia do indivíduo.

Por que você ficou velho antes de ficar sábio?
SHAKESPEARE

Até aqui, vim com o leitor. Aqui o deixo, na esperança de que encontre, nas páginas seguintes, as rotas que a humanidade seguiu na busca da longevidade. Esta parece estar cada dia mais próxima mas, certamente, será uma realidade para a criança que nascer hoje. Mais do que viver mais, o que realmente vale é sempre viver bem.

Espero que o leitor, conhecendo todas as trilhas expostas neste livro *LONGEVIDADE*, encontre seu caminho adequado para *VIVER MAIS E MELHOR*.

PROF. DR. IRANY NOVAH MORAES

Parte I

Tempo e Vida

Capítulo 1

Mais Tempo Jovem

Uma pessoa é tão jovem quanto sua última idéia nova.
Bud Hadfield

Deus criou o mundo em sete dias e no sétimo descansou (Gênese, cap. I, v.1 a 3; cap. II, v. 1 a 3) e está descansando até hoje (Oswaldo Fadigas Fontes Torres – 2003). Assim, nosso progresso científico nada mais é do que descobrir o que Ele já havia feito e que está pronto para a eternidade. Lembro que Galeno dizia ser a *matemática* a linguagem com que Deus escreveu o universo. Agora, a genética está prometendo descobrir novidades do que já foi feito naqueles *sete dias* da Bíblia.

É louvável o objetivo da Academia Brasileira De Medicina Anti-envelhecimento de congregar interessados, médicos ou não, preocupados com a preservação da qualidade de vida do idoso.

Não se trata de missão impossível! É, sim, missão possível, mas muito difícil! Um dos fatores a dificultar todo o esforço para se atingir o alvo é que o temor da velhice atrai, com enorme força, uma avalanche de inescrupulosos que exploram o idoso e seus familiares, fazendo promessas que não podem cumprir e tomando-lhes os recursos. Vale aqui lembrar o alerta que faz nesse sentido Leonard Hayflick, em seu excelente livro *Como e Porque Envelhecemos*, quando disse: "a ciência não progride quando cercada de charlatães".

O controle do envelhecimento é aspiração da humanidade há muitos séculos, basta citar alguns fatos históricos. Gilgamesh (3000 a.C.), na

Mesopotâmia, consultou um sábio para saber como vencer a morte e foi orientado para primeiro vencer o sono durante sete dias e sete noites. Ele tentou, mas não conseguiu. Em 1600 a.C. apareceu o papiro egípcio *LIVRO PARA TRANSFORMAR UM VELHO EM UM JOVEM DE VINTE ANOS*. Fonte da eterna juventude, Novo Testamento, Corão e nos gregos e romanos estão registradas esperanças nas fontes minerais e águas termais.

A Alquimia, com origem na China, desde a Idade Média tem o objetivo de encontrar o "elixir da vida", a "pedra filosofal".

Outros absurdos dominaram aqueles que sempre estiveram preocupados com seu próprio envelhecimento, como METCHNIKOFF, que era apologista do iogurte. STEINECH e VERONOFF sugeriram a esterilização pela vasectomia. A DRA. ANA ASLAN, com a procaína que mudou para GH^3 Gerovital H^3, rendeu tanto dinheiro para a Romênia que foi considerada heroína nacional.

O mais famoso praticante de métodos esdrúxulos foi PAUL NIEHANS, médico suíço que morreu em 1971, aos 89 anos.

Panacéias alimentaram, ao longo do tempo, o entusiasmo dos desonestos que venderam extrato de testículos, transplante de testículos e barbatana de tubarão. Essa é a praia dos charlatães. Tais indivíduos têm, indiscutivelmente, muita sensibilidade para saber o que o povo deseja ouvir. Com sua inseparável falta de escrúpulo, são grandes vendedores de ilusão.

Procurei definir o período da vida do ser humano para o qual se devesse focalizar as atenções no intuito de garantir a velhice saudável. Ocorreu-me estabelecer analogia entre *geriatria* e *pediatria* e imaginando simetria. Nessa comparação surgiu a idéia de correlacioná-la com a *puericultura*. Assim, estabeleci uma regra de três e coloquei o *X* da questão no local, para o qual pretendia inferir o nome adequado. A representação matemática da dúvida ficou da seguinte forma:

Puericultura : pediatria : : X : geriatria

Faltava definir o *X*. Analisando a palavra que servira de paradigma – *puericultura* – observei que *pueri* era raiz grega significando *infantil*. Aí RAMIZ GALVÃO socorreu-me e o análogo correspondente que procurava era "idoso", cuja origem grega era *gero* ou *geronto*. Optei pela primeira em decorrência da sonoridade, uma vez que a parte final da palavra procurada poderia ser *cultura*, o fragmento correspondente da imagem especular da *puericultura*. Estava descoberto o valor do *X* = *gero* + *cultura*. A representação final ficou assim:

Puericultura : pediatria : : Gerocultura: geriatria ou,

de maneira simplificada, *P : p : : G : g*

Gerocultura nasceu no dia 19 de junho de 2003, com seu processo de criação partindo da *puericultura*. Vale lembrar que esse vocábulo veio por intermédio do francês e foi dicionarizado há 134 anos, em 1869. Apresentei esse neologismo à comunidade médica, particularmente àqueles que se interessam, estudam e publicam na área dos que procuram melhorar a qualidade de vida do idoso, no SUPLEMENTO CULTURAL DO JORNAL DA ASSOCIAÇÃO PAULISTA DE MEDICINA, de agosto de 2003.

O propósito de ficar mais tempo jovem tem valor multiplicado pois "o espírito da juventude é um terreno generoso onde a semente de uma palavra oportuna faz desenvolver em pouco tempo os frutos de uma imortal vegetação" (J. H. RODÓ).

Capítulo 2

Marcas do Tempo

Em *Os Sinais da Velhice (E o Otimismo da Ciência)* que publiquei em O Estado de S. Paulo de 20/12/1980, chamei a atenção do leitor para o fato de que suas marcas no organismo ocorrem desde o nascimento. Muitas são difíceis de ser caracterizadas e ficam no limite da resposta fisiológica de adaptação às modificações naturais de idade, sexo, grupo étnico e tipo constitucional. Outros fatores, como estilo de vida, hábitos e meio ambiente interferem como fatores de variação.

Há diminuição relativa da quantidade de água corpórea no idoso.

Há alterações da regulação da água e do sódio decorrentes da capacidade de concentração renal progressiva, comprovada em experiência com homem de 40 a 101 anos (Myron Miller); aumento de secreção do ADH, prejudicando a capacidade de conservar o sódio e comprometimento da percepção da sede.

A audição vai diminuindo, de início, para os sons mais agudos, depois para o extremo oposto da curva auditiva, para os mais graves e nem sempre igualmente em ambos os ouvidos.

A perda de cabelos (calvície) é mais comum no homem e depende de fatores hereditários, porém agravada pela idade.

O embranquecimento dos cabelos (canície) é dos primeiros sinais a aparecer e decorre da perda da pigmentação, com um contingente de ar aparecendo em sua estrutura microscópica. A túnica subcutânea se reduz na face, no dorso das mãos e na planta dos pés, o que leva o idoso a ter as extremidades frias. A coordenação motora vai-se tornando cada vez mais difícil e lenta, prejudicando progressivamente certas habilidades manuais. Parece haver espessamento dos ossos do crânio e também aumento de sua circunferência. Todos os órgãos, com o decorrer do tempo, vão apresentando deficiências decorrentes de seu uso. O desgaste, as cáries e as lesões periodontais são evidências das alterações dentárias advindas da mastigação ao longo do tempo. Como são costumeiramente chamadas, as dores reumáticas referem-se a sintomas que aparecem precocemente. Os vícios de postura dos jovens, os defeitos físicos e os terríveis malefícios do progresso, levando o ser humano de hoje à imobilidade, talvez sejam os verdadeiros responsáveis pelas primeiras dores dessa natureza. A envergadura diminui menos que a estatura. A altura individual diminui com o passar do tempo. A partir dos 50 anos perde-se um a dois centímetros a cada dez anos, por diminuição dos discos intervertebrais e curvaturas mais acentuadas da coluna.

A fraqueza nas pernas é caracteriza-se pela dificuldade progressiva para descer escadas e, a seguir, para subi-las e, mais tarde, para andar, ficando os passos mais curtos e o equilíbrio prejudicado.

O depósito de gordura, no homem, se faz no subcutâneo e de maneira irreversível na raiz do mesentério. A partir dos 50 anos de idade, mesmo após rigorosa dieta, com nítida perda de peso, esta ocorre devido à gordura subcutânea, como é perceptível na mulher, mas a do mesentério não se altera.

A memória diminui: primeiro, a dos fatos recentes; depois também para os remotos.

O idoso tem metabolismo basal progressivamente menor do que quando jovem. Raymond Pearl (1923) correlacionou envelhecimento com "ritmo de vida" consumindo mais reservas energéticas.

As glândulas apócrinas que dão substrato às bactérias responsáveis pelo odor do corpo se atrofiam e esse é menos intenso nos idosos.

O olfato diminui aos poucos, porém progressivamente. As alterações do paladar começam não se distinguindo bem os sabores, depois motivando o desinteresse pela comida, o que se agrava com o tempo.

Albert Kligman, dermatologista americano, diz: "todos desejam vida longa, mas ninguém quer parecer velho".

A personalidade não muda ao longo do tempo. O velho não é mal-humorado.

Com a idade, há progressiva diminuição da vivacidade das reações, causando reflexos lentos e limitações cada vez maiores.

A perda da elasticidade da pele da face é responsável pelo aparecimento de rugas. Estas decorrem da rotura das fibras conjuntivas da pele. Com o tempo, algumas delas vão degenerando e a pele se torna frouxa. Nas pregas, onde há maior solicitação da musculatura, ela se enruga. Com a idade o indivíduo apresenta discreta, mas progressiva, atrofia das papilas linguais, diminuindo a capacidade de sentir vontade de beber água. A sudorese também diminui no idoso; muitas glândulas se atrofiam e outras desaparecem.

O tremor aparece lentamente, de início em situações de estresse e, aos poucos, em qualquer circunstância, com os movimentos semelhantes ao de "contar dinheiro"; vai progredindo até se tornar permanente. As unhas vão se tornando quebradiças e manchadas de branco. Isso depende da presença de ar em sua estrutura. A visão diminui, o cristalino vai se tornando opaco e, assim, a catarata vai progredindo; a vista cansada compensa a miopia, se houver.

Capítulo **3**

Valor da Vida

A circulação de idéias garante a circulação cerebral.

Múltiplas foram as tentativas, na história da humanidade, para se encontrar os fatores determinantes da longevidade. Aliás, essa busca parece ser cada vez mais intensa, abrangente, profunda, presente em todos os campos do saber e no íntimo de cada indivíduo. Até mesmo o comportamento individual foi seriamente interpretado como revelando a ansiedade daquele que aspira à longevidade. Outros procuram correlacionar o tempo de vida das grandes personalidades da humanidade para visualizar a atividade intelectual e a longevidade.

O estado de espírito também foi correlacionado ao tempo de vida.

Colecionar pode ser uma luta contra o esquecimento e a morte, como na assumida biblicamente por Noé, ao evitar o desaparecimento dos animais, como refere Philipp Blom em *Ter e Manter*, publicado pela Ed. Record. Para o mesmo autor, cada coleção surge como um teatro de memória de uma lembrança da infância e após a morte. O autor cita Freud, grande colecionador de antigüidades, que escreveu *O Coração da Paranóia* (1918) e a separação da libido dos seus objetos. O colecionador vai em direção contrária e canaliza sua libido para os objetos inanimados: amor pelas coisas.

Esse autor, apresentado por Ubiratan Brasil, em O Estado de São Paulo – Caderno 2 de 28/06/2003, parece revelar algo que permite inferir certo paralelismo entre esquecimento, morte e lembrança pós-morte com envelhecimento, longevidade e morte.

Há numerosos estudos procurando correlacionar a idade com o gênero do trabalho do indivíduo, tentando descobrir se a grande atividade intelectual propicia a longevidade. Nesses grupos estão papas, personalidades famosas, presidentes de grandes nações que se projetaram no mundo, bem como muitos pensadores; considerando a expectativa de vida da época em que nasceram, registrou-se maior longevidade, o que convalida minha assertiva na epígrafe deste capítulo.

O estado de espírito do ser humano decorre fundamentalmente da índole individual, da educação e de uma postura voluntária que valoriza os fatos e a própria experiência. Nesse ponto é que uma deliberação íntima, condicionada pelo exemplo na própria família ou em paradigmas que tenha elegido, pode definir a trajetória de vida, para o bem ou para o mal, com as conseqüências naturais do destino: alegria ou amargura. No primeiro caso, estão os que intuitivamente encontram motivos positivos e agradáveis nos fatos do cotidiano, sobretudo se tiverem a consciência prazerosa do bem-estar que sentem. O exercício de procurar ver sempre o lado bom na vida diária gera, no subconsciente, uma condição propícia para o indivíduo cultivar o bom-humor e a alegria de viver – nesse contexto está aquele que "não distingue trabalho do lazer e em ambos tem prazer". Este caminho o leva a felicidade! No segundo caso estão os pessimistas, dominados pelos fantasmas interiores; somente vêem o lado ruim dos fatos, sendo temperamentais, mal-humorados, neurastênicos, invejosos e se já não o forem, tornar-se-ão maus, perversos, frustrados, recalcados e, no íntimo, profundamente infelizes.

Essas variações sobre o estado de espírito refletem ou são reflexos do amor próprio do indivíduo que, "sabendo gostar de si mesmo", tem auto-estima suficiente para se cuidar, sabe amar ao próximo, não guarda rancor. Assim, racionaliza sua problemática do estresse, bem como as contrariedades, o que contribuirá para aumentar sua sabedoria de viver, aprendendo a usufruir os benefícios para garantir qualidade de vida, no presente e no futuro.

Em contrapartida, aqueles que estão na contramão do bem, são dominados por sentimentos que demonstram opinião elevada de si mesmos, com arrogância, presunção e vaidade.

As duas estradas, levando a destinos opostos, representam os caminhos que a vida proporciona ao ser humano com o passar do tempo. Na verdade, ele pode a cada momento mudar de estrada. Pela simples alteração de postura encontra, para si mesmo, uma ponte para mudar de trajetória. Estando na primeira, na do bem e um fantasma mórbido de sua mente o fizer cair em tentação, ele facilmente desce, baixa seu moral, rompe os princípios éticos e muda seu destino. Também, aquele já perdido, tendo uma iluminação em sua consciência, se regenera, a ponte do socorro aparece e, como num chamamento, muda de comportamento e passa a caminhar na estrada estreita.

No artigo *CÂNONES DA BELEZA*, que publiquei no SUPLEMENTO CULTURAL (dezembro, 2000) no JORNAL DA ASSOCIAÇÃO PAULISTA DE MEDICINA, comentei o assunto, mas será tratado ainda no Capítulo 6.

Os privilegiados da primeira via tem uma virtude que orna a conduta humana – a humildade; àqueles que escolheram a segunda via, seu comportamento é maculado pela soberba.

Vim até aqui confrontando a caminhada da vida nas duas estradas. Aqui deixo os da segunda via. Espero que o destino, fazendo-os infelizes por toda a vida, não seja, ainda, mais cruel do que já foi ao dar livre arbítrio e permitir a opção por ele escolhida, renegando a humildade para abraçar a soberba.

Em recente publicação em O Estado de S. Paulo (07/06/2003), um de nossos maiores pensadores, MIGUEL REALE, diz: ... "Filosoficamente, para mim, humildade significa a renúncia aos poderes da razão perante os problemas que a transcendem, aos quais ascendemos pelas vias do amor. É nessa posição que talvez se situe a humilde confissão de EINSTEIN, quando reconhece que 'por de trás da matéria há algo de inexplicável', contrastando com os que, orgulhosos das conquistas da razão no mundo das ciências positivas, negam Deus e a imortalidade da alma".

Parte II

Aspiração da Humanidade

Capítulo 4

Evolução das Idéias

Vou me permitir fazer uma pequena digressão para considerar, de maneira sumária, como se dá o progresso em tecnologia. Segundo Giorge Giacaglia, professor da Escola Politécnica da USP, ele pode ocorrer de duas maneiras: *por aprimoramento* ou *em saltos*. Exemplo simples, para ilustrar os dois tipos referidos, é considerar a evolução do avião que, durante décadas, ficou sendo aprimorado com linhas aerodinâmicas, asas duplas, mais longas, porém sempre com tração a hélice.

O progresso maior ocorreu em salto, quando foi adotado o sistema de propulsão a jato.

Partindo desse conceito, serão tratados apenas alguns saltos que abriram novas perspectivas para as pesquisas sobre envelhecimento. No contexto da Biogerontologia, vários foram os experimentos relevantes que merecem destaque e que, portanto, devem ser citados.

No final do século XIX foi introduzida a técnica de *cultura de tecido*, cujo nome deveria ser, na realidade, *cultura de célula* e que representou um grande salto nas pesquisas sobre envelhecimento. Em 1912, Alexis Carrel, prêmio Nobel e Albert Ebeling cultivaram, em laboratório, células do coração de embrião de galinha, que mantiveram em crescimento no decorrer de 34 anos.

Quase tudo que se mede no ser humano, bem como nos animais, muda com o tempo; entretanto, nem sempre essa mudança significa perda. Há mudanças que representam perda de capacidade mas, vistas por outro ângulo, podem ser consideradas como *aquisição de sabedoria*, pois a modificação limitando a função propicia certa proteção do organismo. Aliás, esse fenômeno pode ser bem entendido desde que se lembre que, muitas vezes, uma estenose ou oclusão das artérias dos membros inferiores limita a velocidade e a extensão da caminhada, protegendo o coração, já também com lesão arterial de isquemia, com conseqüências perigosíssimas. A referida "sabedoria" do corpo aparece como obediência à *hierarquia dos órgãos,* na qual a natureza sempre protege os órgãos nobres ou vitais. A biologia celular teve grande desenvolvimento a partir dessas conquistas. LEONARD HOYFLICK e PAUL MOORHEAD desenvolveram pesquisas para comparar culturas de células embrionárias adultas, idosas e cancerosas. Esses autores conseguiram provar o envelhecimento em nível celular.

A comprovação de que o envelhecimento ocorre em nível celular foi rejeitada por PEYTON ROUS, prêmio Nobel, por haver demonstrado ser o câncer também causado por vírus e, com seu prestígio, inibiu o progresso das pesquisas nessa linha. Muitas outras conquistas de conhecimento contribuíram para que esse tema permanecesse sempre em pauta. Aliás, esse campo sempre foi aquinhoado com grandes verbas para pesquisa, uma vez que os detentores do poder de decisão das agências de fomento à pesquisa são sempre grandes nomes, que já iniciaram seus próprios processos de envelhecimento.

Falácias de Nosso Tempo

Acredito que relatando dois fatos ocorridos entre nós e que certamente muitos dos leitores ainda se lembram, pois a mídia os divulgou largamente, todos entenderão como a população pode ser enganada com facilidade pelos charlatães. Refiro-me aos episódios do ipê-roxo e da quelação.

Ipê-Roxo

Correu um boato, em São Paulo, de que infusão de casca de ipê-roxo curava tudo; hemorróida, úlcera de toda natureza, câncer, tuberculose, atrofia cerebral, embolia, trombose... e evitava o envelhecimento. Não houve árvore no Parque Ibirapuera que não tivesse sua casca retirada na suposição de que seria milagrosa. Foi tal euforia popular que pacientes com operações marcadas, consultas agendadas, desapareciam do Hospital das Clínicas da Universidade de São Paulo pondo fé nesse novo tratamento. Foi preciso o HC convocar a imprensa para alertar o povo de que as doenças precisam ser tratadas corretamente e que perder tempo, em muitos casos, significa perder a oportunidade de cura. Incumbido de dar essa explicação ao público, fui desafiado para debater com quem estava "sarando" e ameaçado por outros, mas todos pondo em dúvida a veracidade da nota oficial do Hospital das Clínicas.

Quelação

Esse termo foi adotado, em medicina, para indicar método terapêutico que pretendia remover o cálcio das placas de ateroma, pela união deste com fármacos, na esperança de diminuir as obstruções arteriais. A droga mais usada é o ácido etildiaminotetracético (EDTA) ou seu sal sódico que, complexado com cálcio, produz uma substância solúvel eliminada pelos rins por meio da urina.

Os efeitos secundários dessa medicação, ao invés do que foi divulgado, são graves, pois causam tetania, convulsões, arritmias, parada respiratória, lesão renal, além de outros danos à economia humana.

Para que se entenda corretamente o que se poderia esperar de benefício com o tratamento da arteriosclerose apenas pela retirada do cálcio dos ateromas, deve-se primeiro entender como se instala e evolui tal doença.

O apelo à quelação não resolve o problema pois, somente por remover o cálcio do ateroma, seria de se prever que nada poderia fazer em benefício do paciente. No caso de tudo correr bem, ele apenas "murcharia" o ateroma. Ocorre, entretanto, que a homeostase não permite que a retirada do cálcio do sangue determine a retirada específica do cálcio do ateroma, quando a grande reserva do organismo está nos ossos. É obvio que, imediatamente, o organismo mobiliza todos os seus mecanismos para repor o cálcio eliminado à custa dos depósitos do esqueleto. Mesmo admitindo que tal fato ocorresse, ele seria insuficiente, uma vez que a diminuição da luz da artéria é sistêmica e depende da proliferação celular da camada basal da túnica íntima.

Aqueles que acreditavam na quelação não conseguiram apresentar trabalhos experimentais e nem clínicos dentro de critérios científicos e feitos em centros de reputação internacional que demonstrassem a eficácia do tratamento. Todos eles limitavam-se a citar autores desconhecidos, de centros sem tradição em pesquisa, portanto sem credibilidade suficiente para avalizar a veracidade dos dados, e a relatar depoimentos isolados de doentes emocionalmente perturbados.

CAPÍTULO 5

Teorias do Envelhecimento

É oportuno rememorar as várias teorias que até o momento apareceram para explicar o fenômeno envelhecimento do ser humano; aliás, existem muitas explicações para um fato quando nenhuma delas satisfaz plenamente.

Teoria do desgaste – AUGUST NEISMANN, em 1882, estabeleceu que a morte se dá porque o tecido desgastado não se regenera eternamente. Desgaste é uma forma de estresse. A vulnerabilidade dessa teoria está na dificuldade de quantificar o desgaste.

Teoria do ritmo da vida – MAX RUBNER, 1908, sugeriu a teoria do ritmo da vida partindo do princípio de que os seres vivos nascem com uma quantidade limitada de uma substância, energia potencial de capacidade fisiológica que pode ser gasta em ritmos diferentes. Fundamenta-se na relação taxa metabólica, tamanho do corpo e longevidade. REYMOND PEARL estabeleceu que o tempo de vida é universavelmente proporcional ao ritmo do gasto de energia.

Teoria do acúmulo de resíduo – As células acumulariam mais resíduos do que poderiam eliminar. Tais resíduos intoxicariam as células até matá-las.

Teoria das ligações cruzadas – As células do ser humano são constituídas de água, proteínas, carboidratos e lipídios. As ligações entre as células formando os tecidos é feita por uma proteína abundantemente encontrada na pele, nos tendões e ligamentos; representa um terço de nossas proteínas. Certas estruturas dentro do tecido mole são chamadas de "esqueleto", como é o caso do esqueleto fibroso do coração, que representa a estrutura de apoio do órgão. Consiste em moléculas dispostas paralelamente, como as pernas de uma escada ligada por degraus, chamadas ligações cruzadas. Nos jovens, alguns degraus ligam escadas diferentes. As escadas podem, com o tempo, se movimentar para cima e para baixo, tornando o tecido flexível.

Teoria dos radicais livres – R. GERSCHMAN, DENHAM HARMAN, 1954, admitiram que reação química complexa quebrando moléculas de O_2 forma pedaços altamente reativos, os *radicais livres*, que são instáveis e tentam se religar a outras moléculas próximas, causando-lhes danos. Procura-se atribuir aos radicais livres a formação do *pigmento da idade, ligações cruzadas, danificação do DNA* e formação das *placas neuríticas* características do mal de Alzheimer. Como parece que os radicais livres podem reagir com tantas substâncias diferentes, procura-se-lhe atribuir papel no envelhecimento.

Teoria do sistema imunológico – A capacidade funcional dos órgãos diminui ou muda com a idade, o que permite admitir que esta seria uma das principais causas de envelhecimento. Seria equivalente a uma doença auto-imune causada pela perda da especificidade do reconhecimento das proteínas estranhas, confundindo-as com as naturais do organismo, lembrando o "fogo amigo".

Teoria dos erros e reparos – PETER MEDAWAR, nascido em Petrópolis, Rio de Janeiro, prêmio Nobel, em 1952, estudando *imunidade adquirida nos transplantes* propôs uma variação criativa da hipótese do *envelhecimento com base nos erros*. Com GEORGE C. WILLIAMS, em 1957, sugeriu a existência de genes que sempre se comportam bem e outros que, com o tempo, se comportam mal. Todo funcionamento, seja mecânico ou orgânico, depois de certo tempo apresenta defeitos. O sistema de auto-reparação torna-se ineficiente.

Teoria da ordem e desordem – Essa teoria foi elaborada por físicos partindo do princípio de que nenhum sistema pode trabalhar infinitamente. À medida que a ordem molecular do organismo amadurecido se deteriora, a desordem aumenta. O início da desordem ocorre no auge da maturação sexual, quando inicia o envelhecimento.

Teoria do contágio – Partindo da existência de doença contagiosa, chegou-se, antes de LOEVENOECK, a pensar que a saúde também o poderia ser e, assim, nasceu a idéia de que se aproximando dos jovens poderia se contagiar com a saúde. No fundo, pode-se dizer que a convivência com a juventude seja muito salutar para a mente! Aliás, é um dos privilégios do professor.

Teoria genética – As conquistas obtidas pelo *projeto genoma* permitem depositar nesse campo todas as esperanças de vida mais longa e de melhor qualidade. KAORO MITSUI, do Japão e IAN CHAMBERS, de Edimburgo, identificaram um gene imprescindível para que as *células-tronco* se transformem em qualquer tipo de tecido.

Parte III

Grandes Preocupações

Capítulo 6

Beleza Eterna

(Beleza) – anjo ou sereia, que importa, se tu tornas – fada deslumbrante, subindo para os céus ou lânguida na areia – menos mau o universo e menos duro o instante.

Fragmento da paráfrase de Roque Spencer Maciel de Barros *do poema "Hino à Beleza", de* Charles Baudelaire

Com o passar da idade, a elasticidade da pele da face vai diminuindo, perdendo gordura, o que determina aparecimento de rugas cada vez mais nítidas, com sulcos mais profundos. Esses fatos modificam a fisionomia, tornando o nariz mais pontudo, as orelhas mais caídas e a face mais fria.

As alterações produzidas pelo tempo preocupam a todos e, aparentemente, muito mais à mulher do que ao homem. Chega dar a impressão de que, no fundo, todos, embora queiram viver mais, não desejam envelhecer. Acredito que seja válida a idéia de se discutir o que seja beleza, o que é entendido como tal mas, no íntimo, o que é válido individualmente e como cada um sente o problema em si próprio. Talvez esse exercício de visão holística do problema traga ao leitor elementos suficientes para suas reflexões e para chegar a seus próprios conceitos.

Há muitos anos fui professor de *anatomia artística* na Escola de Belas Artes de São Paulo. Esse privilégio foi por curto período, mas tempo suficiente para despertar a constante busca da parcela de beleza contida em tudo o que se observa no cotidiano. Essa preocupação acompanhou-me ao longo do tempo e, estou certo, me fez ver a vida com bons olhos.

Sempre achei que encontraria algo de belo colocado pela natureza nos relevos cutâneos modificados pela postura, movimentos e gestos, bem como na interpretação dos fenômenos, nas relações humanas, na convivência social ou na anatomia que ensinava, que alguns chamam de *anatomia de superfície* – aliás, talvez caiba lembrar MILLÔR FERNANDES quando diz "a beleza é a inteligência que está por fora". Indago, quem sabe não seja ela, paradoxalmente, a mais profunda por ser dinâmica e pela emoção que traz chegando à alma do modelo vivo! Quanto mais refleti sobre o tema, mais me encantei com ele. Acresce ainda minha vida vivida em hospital, onde as grandes dificuldades são apresentadas em "reuniões de casos", ou de "óbitos", das quais participam médicos e os jovens residentes para discuti-los. Os participantes aprimoram sua cultura científica e refinam seu raciocínio clínico para chegar ao diagnóstico que, às vezes, só é confirmado após necropsia. É comum ouvir-se, ao término da discussão, a exclamação: "que caso bonito!". A dificuldade do diagnóstico, desafiando a competência científica e as reflexões elaboradas revelam o esforço na busca da verdade, o que, dentro do infortúnio do paciente, evidencia a beleza da inteligência.

Recentemente precisei definir a altura adequada para colocar um corrimão de escada que permitisse, a uma paciente com a mais forte garra de se recuperar do traumatismo de coluna e de tornozelo, ampliar os limites de seu ambiente e ter convalescença amenizada, fora do pesado, monótono e restrito espaço hospitalar. O simples corrimão daria a liberdade de subir e descer as escadas com absoluta segurança, não sobrecarregando as articulações em fase inicial de cura. Ouvi a opinião daqueles que, para mim, deveriam saber determinar melhor a altura procurada. Na falta de teoria convincente, parti para o "ensaio e erro"; na terceira tentativa foi achado o ponto ideal, a solução veio a contento. Esse fato levou-me a refletir sobre a importância de se conhecer as "medidas necessárias para o bem-estar dos pacientes em suas próprias casas". Assim, voltei a estudar a teoria das proporções do corpo humano.

"Tudo que o homem cria é destinado a seu uso pessoal", afirma E. NEUFERT e fundamenta tal assertiva de maneira inequívoca o fato de que todas as medidas utilizadas devem estar relacionadas diretamente ao corpo humano. Esse foi o motivo pelo qual, ao longo dos séculos, se adotaram como unidade os membros, o que abole a necessidade de se estabelecer conceitos e definição pois, por si mesmo, dá uma idéia viva do tamanho, tornando seu entendimento evidente.

Com o advento do sistema métrico, tudo mudou, pois metro é a unidade fundamental das medidas de extensão ou lineares. É igual à décima milionésima parte do quarto do meridiano terrestre compreendido entre o pólo boreal (do hemisfério norte) e o equador e equivale a quatro palmos, quatro polegadas e quatro linhas pelo antigo sistema. Ganhou-se em precisão mas perdeu-se na compreensão explícita da evidência. As necessidades pessoais, os hábitos individuais, coletivos, familiares, modificaram-se com o decorrer dos tempos. A utilização dos ambientes inclui, entre os fatores de sua variação, também o emocional que o espaço cria em quem o ocupa.

Retornando ao caso apresentado, imagino a emoção que sentiu a paciente ao deixar as quatro paredes onde, imobilizada na horizontal por dois meses, só enxergava o teto do quarto da Unidade de Terapia Intensiva. Ao sentar-se, viu a vida ativa de seu lar num raio de mais de meia centena de metros, usufruindo o privilégio de participar do cotidiano. Lembro-me do brilho em seus olhos quando proferiu a exclamação: "como é belo o mundo visto na horizontal".

A preocupação de se conhecer as dimensões dos espaços e objetos que integram a necessidade do homem para viver o dia-a-dia, qualquer que seja sua atividade, faz parte da formação do arquiteto, mas ele não pode se esquecer de que o homem fica doente, suas necessidades se modificam e ele deve permanecer em casa, evitando atravancá-la com cama hospitalar, raramente necessária e que, em geral, não ajuda a resolver o problema. Arquitetura hospitalar é outra especialidade e não é sobre ela a que me refiro, mas ao conforto e à segurança da criança, do homem doente e do idoso em seu próprio lar.

O estudo desse assunto iniciou-se comparando as dimensões dos segmentos com o próprio corpo humano. Assim apareceram os cânones, cujo princípio é dividir a dimensão do corpo humano pelo tamanho da cabeça, da face, do membro ou do pé e compará-los entre si. O mais antigo *cânon de proporções humanas* tem mais de cinco mil anos e a história conta que teria sido encontrado num túmulo das pirâmides de Mênfis (capital do antigo Egito, no delta do Nilo). Nesse longo período, artistas e cientistas interessam-se pelo estudo das relações entre as medidas do corpo humano e de seus segmentos. Entre os muitos cânones conhecidos convém lembrar os do império faraônico, da época de Ptolomeu, o dos gregos, dos romanos e o de Policleto. Não se pode esquecer os trabalhos de Leonardo da Vinci, de Miguel Ângelo e, na Idade Média, principalmente de Dührer. Sua importância foi grande, no século passado, com trabalhos de Zeising preocupando-se em encontrar proporções ideais, mas foi E. Moessel que teve o grande mérito de divulgá-las. Entretanto, foi Le Corbusier que, em 1945, utilizou em seus projetos o cânon baseado na divisão harmônica, chamando-o de “Le Modulor”.

A beleza, embora aparentemente superficial, decorre da modelação externa das estruturas internas e profundas, uma vez que o ser humano, dinâmico como é, se modifica a cada movimento ou, mesmo, a cada momento a sua aparência.

Para melhor entendimento dessa problemática convém explanar os *princípios gerais de construção do corpo humano*:

Metameria

É aquele do qual resultam os segmentos chamados *metâmeros*, que se superpõem e se correspondem morfologicamente. Havendo analogia, há correspondência morfológica, ao passo que na homologia a equivalência é funcional. A metamerização não ocorre apenas no esqueleto, pois também pode ser vista examinando-se o homem com os membros superiores e inferiores em abdução máxima. Os miótomos revelam a metameria oculta.

Formação Tubular

Resulta em *cavidades* ou *tubos*, sejam eles *viscerais* ou *neurais*; anteriores ou posteriores, respectivamente. A coluna tem papel relevante nesse entendimento, pois do corpo das vértebras partem prolongamentos, para diante e para trás, formando a grande cavidade ventral ou visceral e a dorsal ou neural. Em volta dos dois tubos existe outro, o *tegumentário*. Duas grandes regiões decorrem do estabelecimento do plano transverso craniocaudal que separa o corpo em dois *paquímeros*: o anterior, *tubo visceral* e o posterior, *tubo neural*.

Estratificação

No que diz respeito à teoria geral de construção do corpo humano, podem-se considerar, em uma visão macroscópica, as camadas em cujo centro está o osso, em volta do qual está disposta a *camada muscular* e sobreposta a ela a *aponevrótica* e, sobre esta, a *tela subcutânea* formada por traves conjuntivas denominadas *retinacula* e glomérulos de gordura dispostos em duas *camadas areolar* e *lamelar*, separadas pela *facis superficialis*, tendo em cima o tegumento ou pele, formado pela epiderme, com três camadas – germinativa, granulosa e córnea – bem como pela derme, constituída de tecido conjuntivo elástico e musculatura lisa. As papilas dérmicas na superfície da pele dão as impressões digitais (cristais cutâneos). É oportuno lembrar aqui, pelo fato de possibilitar entendimento de problemas de alteração da estética corporal. Foi STERZI que, em 1912, estudou profundamente a arquitetura da pele e a estrutura da tela subcutânea salientando as diferenças nítidas dos estratos superficiais quando confrontados com os subjacentes, mostrando o papel da gordura nos relevos externos, observando que a gordura superficial é mais frouxa, é a primeira a ser queimada nas necessidades do organismo e que há homologia entre a musculatura cutânea e a *facis superficialis*, uma vez que a presença de uma é em quantidade inversamente proporcional à da outra.

Dois pontos ainda merecem atenção. Primeiro, o conhecimento da direção dos feixes da derme que, sendo respeitada no ato cirúrgico, permite cicatrizes quase invisíveis. O segundo é a *lipofilia*, ou seja, a distribuição preferencial da gordura em determinadas regiões. Tal tendência é mais influenciada pelo fator sexual, porém com algumas variações que parecem sugerir certa metamerização apagada. Assim, podem-se estabelecer cinco tipos: *cervicalis*; *humeralis*; *abdominalis*; *membralis* (raro) e *coxalis*, com dois subtipos – glúteo ou *esteatopígio* e *trocanteriano* ou cavalariano.

Recordação Filogenética

Com base nesse princípio admite-se que o indivíduo, ao nascer, tenha passado pelas várias etapas em que estão os animais da escala zoológica. Dessa idéia é que resultou a clássica frase "ontogênese é uma recordação da filogênese". Ontogênese é a série de transformações por que passa o indivíduo desde a fecundação do ovo até o ser completo. É, pois, uma recordação, no prazo da gestação, das várias etapas em que estão os vertebrados passando de simples e inferiores, segundo a teoria do transformismo, aos complexos e superiores; peixes, batráquios, répteis, aves, mamíferos e, nestes, o ser humano. Muitos defeitos congênitos advêm da parada da evolução de certos segmentos do corpo humano deixando resquícios embrionários, como por exemplo algumas fístulas branquiais.

Variação Dentro do Normal

Os sistemas que formam o organismo apresentam determinadas características que se referem a um ser humano em ideal. No plano de construção genérico, que vai até o individual, há um grande princípio de variação dentro do normal, sendo este aqui considerado, do ponto de vista estatístico, como o mais freqüente. Os problemas estéticos aparecem com maior ênfase exatamente nos limites dessa normalidade, pois são de definição subjetiva devendo-se, nesse julgamento, sempre respeitar a opinião do próprio paciente. Este será influenciado por múltiplos fatores como idade, sexo, etnia, cultura, bem como aspectos psicológicos, paradigmas imaginários e anseios íntimos!

Simetria Bilateral

Este princípio deriva da separação teórica do corpo pelo plano sagital mediano, que o divide em duas metades opostas, direita e esquerda, denominadas *antímeros*. Externamente a simetria é maior do que internamente, influenciada pela assimetria fisiológica decorrente do destrismo ou mancinismo, considerado por alguns como característica evolutiva; contudo, o homem primitivo era ambidestro.

É importante saber que a simetria bilateral na face não é perfeita. A diferença é tal que os anatomistas clássicos chegaram a estudar profundamente o assunto, utilizando a fotografia e cortando o negativo na linha sagital mediana; reconstruindo-a com duas hemifaces do mesmo lado obtinham figuras muito diferentes. Os dois lados direitos juntos lembram facilmente o indivíduo; a composição com os lados esquerdos formam uma figura tão diferente que diziam tratar-se da *facis bestialis.*

Pode-se entender que quando um paciente apresentar lesão do lado direito e desejar corrigi-la, o cirurgião terá como paradigma o lado esquerdo. Quanto mais perfeita for a similaridade conseguida no ato cirúrgico, mais o paciente ficará diferente de si próprio.

Todas as reflexões foram elaboradas à procura do conjunto harmônico ideal que poderá ser chamado de Cânones da Beleza. Há, porém, que se considerar nesse contexto a emoção que ocorre ao se ver formar o conjunto das proporções harmônicas transformar-se em miragem, esta revelando a beleza da vida.

Eventualmente, uma operação estética que não satisfaça às expectativas do paciente leva à busca de novo cirurgião, para ser refeita. Agora as condições são outras e, por mais virtuoso que seja o cirurgião plástico, as dificuldades são maiores.

A reoperação em casos de cirurgia estética malograda não pode ser considerada como outra cirurgia estética. Deixa de ser da natureza da primeira para tornar-se cirurgia reparadora. Não é mais estética por não atuar sobre o órgão em condições originais, mas sim alterado pelas seqüelas cirúrgicas. Toda reoperação é mais complexa do que a original, portanto com maiores riscos, uma vez que os procedimentos cirúrgicos são feitos sobre estruturas já manipuladas, cuja resposta orgânica alterará a anatomia original, tornando-a mais suscetível a isquemias, devido a cicatrizes, hemorragias, neoformação vascular circunjacente à área manipulada e, sobretudo, à infecção, pelo fato de o tecido estar alterado e conter material utilizado para hemostasia: fios inabsorvíveis e absorvíveis ou pontos de hemostasia produzidos pela eletrocoagulação.

Tais intervenções merecem preocupação redobrada por parte do médico, pois a insatisfação do paciente é sempre muito grande. Entende-se que assim o seja pelo acréscimo de descontentamento gerado pela expectativa frustrada, além do motivo que gerou a insatisfação inicial e que havia levado a procurar método cruento para modificar sua própria aparência, revelando profundo desgosto com sua imagem. Nessa altura, desejar ainda nova operação revela insatisfação aumentada. O paciente procurar outro médico, como ocorre muitas vezes, revela mais perturbação emocional com o problema, o que comprova alteração psicológica ainda maior.

Espero ter ajudado o juiz a considerar o conflito de quem busca a beleza que Deus não lhe deu e que é operada pelo homem, que jamais chegou à perfeição divina, mas que não o condene pela limitação humana.

Capítulo 7

Mãos que Protegem

Arquitetura da Mão

A mão é um dos segmentos corpóreos mais expostos. O seu papel é relevante na defesa física, no trabalho, no lazer, na comunicação das mais simples até às mais complexas manifestações da vida do indivíduo, sejam elas físicas, intelectuais e até mesmo espirituais. É desnecessário enumerar seus atributos pois, a seu modo, cada um sabe o que lhe significa a mão. Poucos, porém, são os que encontram um instante sequer para, conscientemente, valorizar essa dádiva da natureza e raríssimos são os que tomam o devido cuidado para não a machucar. Estão aí a confirmar os milhões de acidentados que se ferem, perdem dedos e até a mão, por distração resultante de fadiga do trabalho, por inobservância de princípios elementares de proteção ou por mero descuido. Nessa multidão de incautos, raríssimos são aqueles que cuidam devidamente das mãos; o pior é que grande parte deles, quando cuida, o faz de modo errôneo.

A mão é constituída de três segmentos: o carpo, o metacarpo e os dedos. Aquele tem ossículos entre si, multifacetados, dispostos em duas camadas. O conjunto articula-se com cinco ossos longos do metacarpo, aos quais, por sua vez, também se juntam outros, os dos dedos, chamados falange, falanginha e falangeta ou 1ª, 2ª e 3ª falanges, com exceção do primeiro dedo, o polegar, que tem somente duas falanges. Tais ossos estão unidos por articulações providas de cápsula e de um delicado revestimento interno chamado sinóvia, que secreta um líquido denominado sinovial. Há ainda uma verdadeira guarnição de ajuste, a cartilagem articular e numerosas estruturas de reforço chamadas ligamentos.

Essa estrutura sólida dispõe de alavancas acionadas por pequenos músculos, os intrínsecos da mão e por outros extremamente robustos, localizados no antebraço e que, através de longos tendões dispostos nas faces ventral e dorsal da mão e do antebraço, atingem as extremidades dos dedos. Em cada uma das articulações por onde passam esses tendões, um dispositivo equivalente a uma roldana protege a passagem do tendão. No conjunto, eles são envolvidos por bainhas nas quais um líquido os mantém sempre lubrificados. Eles são intercomunicantes e, na face palmar, a bainha do tendão do 5º dedo costuma também envolver a do músculo dos 3º e 4º dedos. Se isso, por um lado, propicia boa lubrificação entre eles, traz a desvantagem de, no caso de haver infecção em um dos dedos, ela atingir também os outros. Há numerosos estudos indicando as variações dessas bainhas.

Os tendões que passam pela palma da mão, os flexores, acionam alavanca muito potente, em comparação com os da face dorsal, os extensores, cuja função maior como antagonista é sincronizar os movimentos. Os já referidos músculos intrínsecos participam da harmonia dos movimentos delicados dos dedos.

As estruturas citadas são envolvidas por um tecido conjuntivo frouxo e rico em gordura, onde correm as artérias radial e ulnar, provindas do antebraço. Elas formam duas arcadas na face palmar, sendo uma profunda, junto aos ossos e outra superficial. Partindo das arcadas saem artérias que vão para os dedos, se ramificando para, na polpa digital, terminarem como um pincel. Transformam-se então em capilares, em seguida reúnem-se como vênulas e retornam como veias dispostas em rede.

O sistema vascular da mão é muito rico de anastomoses arteriovenosas, que correspondem a "curtos-circuitos" entre artérias e veias, o que facilita a derivação súbita do sangue, impedindo sua ida até a periferia, o que serve para o organismo se defender do frio, evitando que o sangue venha a perder calor. Estima-se que o número de anastomoses arteriovenosas na palma da mão seja da ordem de cinco mil por centímetro quadrado.

O complexo contingente vascular da mão é complementado pelo sistema linfático, que nasce dos espaços intercelulares e, aos poucos, vai se transformando em coletores cada vez maiores, dispostos longitudinalmente.

Outro contingente nobre de que dispõe a mão é o do sistema nervoso, extremamente delicado, fazendo conexão direta com o cérebro. Ele é, para fins didáticos, dividido em dois: o autônomo, para vasos e glândulas sudoríparas e o voluntário, que inerva a musculatura estriada e comanda os movimentos.

A pele envolve todo esse conjunto. Ela é extremamente delicada no dorso, bem resistente na palma e dispõe de um sistema de proteção como pêlos e unhas. É rica em vasos e terminações nervosas que predominam na face palmar dos dedos e se diferenciam em órgãos especiais de sensibilidade à dor, ao calor e ao frio. Algumas terminações se destinam às articulações e são chamadas proprioceptivas; elas dão a noção de posição no espaço.

Dinâmica

Explicada a anatomia da mão, cabe agora ressaltar os pontos altos de sua função.

A mão é, por excelência, o órgão de defesa do homem. Tudo se passa como se a natureza a houvesse "construído" com essa finalidade; seu uso e a sociedade a consagraram e a reconheceram como tal. A dimensão dessa conscientização está contida na expressão "mão-de-obra".

A limitação dos movimentos das mãos depende de múltiplos fatores e não podem ser esquecidos os mais simples, como o traumatismo causado pelo simples pegar objetos ásperos ou lisos, quentes ou frios, pelo atrito no uso constante no trabalho, esporte ou lazer ou por hábitos, até as mutilações pérfuro-contundentes ou térmicas, todos eles atingindo superficialmente pequenas extensões da mão ou mesmo ela toda. Devem ser lembradas também as doenças osteoarticulares degenerativas, como artrites e reumatismo que, naturalmente, merecem um tratamento médico especializado. As doenças dos tendões costumam ser inflamatórias e decorrentes de lesões traumáticas pelo uso intenso ou violento de certos músculos; é o caso de tenossinovite, chamada "dos tenistas", que ocorre com mais freqüência nos tendões dos músculos flexores dos dedos e, se agora nos lembrarmos daquelas bainhas referidas no início, pode-se entender por que, dependendo do tendão afetado, a inflamação tem extensão diferente. Cabe ainda lembrar as infecções periungueais que acometem os que, no trabalho, usam as mãos dentro da água, sobrevindo microtraumatismos, como na utilização de palhinhas de aço no serviço doméstico. Tais inflamações, quando surgem no segundo ou no quinto dedo da mão e quando são profundas, atingindo aquelas bainhas, são mais graves por tomarem toda a palma da mão e, em ambos os casos, podem atingir até o punho. O tratamento, então, deve ser imediato.

Mãos do Idoso

Os idosos apresentam mãos frias pela diminuição da gordura cutânea. As manifestações circulatórias da mão são caracterizadas por alterações de temperatura e de cor. Grande parte desses problemas é funcional e estes dependem do sistema nervoso autônomo, o que faz com que tais sintomas estejam associados a alterações da sudorese das mãos. Trata-se de pessoas com mãos frias e úmidas. Algumas delas dizem que, ocasionalmente, as extremidades dos dedos ficam arroxeadas e as palmas das mãos chegam a ficar com manchas pálidas circundadas por um tom violáceo. Outras indicam que alguns dos dedos costumam empalidecer e ficar brancos, frios e insensíveis, como se estivessem mortos e que, minutos ou horas depois, lentamente, vão se tornando roxos, depois avermelhados para, no final, retornarem à coloração normal. Tais episódios acontecem mais no inverno ou quando essas pessoas se expõem ao frio, por exemplo, quando mexem com gelo. É sintomatologia mais freqüente na mulher jovem e em geral estreitamente ligada a grande labilidade emocional.

Às mulheres jovens recomendo, preliminarmente, uma postura de autocontrole emocional, com auxílio de familiares; proteção contra o frio, lembrando que o reflexo não é produzido exclusivamente no local exposto – o pisar no chão frio pode desencadear espasmo na mão, bem como um golpe de ar frio pode ter resposta reflexa nas mãos. Essa sintomatologia costuma se alterar em decorrência de fatores hormonais.

Cuidados

Proteger-se do frio não significa aquecer as mãos, mas, sim, não as expor a temperaturas baixas. É condenável a prática de esquentar as mãos, quando elas estão geladas na vigência de espasmo arterial. É muito comum o leigo recomendar o fatídico "choque térmico", colocando a mão em água quente e fria, alternadamente, prática condenável que tem desencadeado lesões tróficas e até gangrenas, levando muitos a amputações das extremidades dos dedos. É fácil entender a irracionalidade desse procedimento. Basta considerar que, se a mão está fria, é porque está chegando pouco sangue; logo, ela está em anóxia, está chegando pouco oxigênio ao tecido, tornando-o menos resistente. Além disso, compreende-se que tais condições prejudiquem também o sistema nervoso e a comunicação pode ser transmitida com erros. Assim, a informação quanto à temperatura a que a mão está exposta pode chegar errada ao cérebro. A água pode estar muito quente, a ponto de queimar a mão e as terminações nervosas podem não captar a informação com precisão. A concomitância das duas situações faz com que o indivíduo possa, sem saber, expor à temperatura mais elevada a pele de menor resistência, com perigo de conseqüências fatais.

É aconselhável o uso de agasalhos e, particularmente, de luvas no inverno. Outra recomendação importante nesses casos, e em especial às moças, é que tenham extremo cuidado ao "fazerem as unhas", ao cortarem a cutícula. Devem fazê-las com profissionais competentes e não apressadamente, para evitar pequenos ferimentos que se tornam portas de entrada a infecções.

Deve ser lembrado também que, ao fazer um trabalho em que se tenha de manipular substâncias que impregnem ou sujem as mãos, se usem luvas de borracha ou se as protejam com vaselina sólida, passando-a em excesso debaixo das unhas. A limpeza posterior com água morna e escovinha torna-se fácil.

O fumo está totalmente proscrito, pois contribui significativamente para provocar espasmo e agravar a anóxia periférica. O fumante acredita estar se cuidando quando resolve diminuir o número de cigarros e com o engodo propalado pelos comerciais que oferecem alternativas de cigarros com menor quantidade de nicotina. Nos casos de espasmos arteriais, cabe ao paciente apenas a decisão de optar pela integridade da mão, largando o vício ou continuando a fumar e perdendo os dedos com gangrena. Para melhor compreensão do leitor, ele deve tomar conhecimento de que os vasos do indivíduo com saúde entram em espasmo e o sangue deriva pelas anastomoses arteriovenosas. Esse reflexo se instala desde o momento das primeiras inalações, sejam do seu cigarro ou da fumaça do de seu vizinho e atinge o máximo até trinta minutos após o término do cigarro, mas leva cerca de duas horas para retornar às condições iniciais. Aquele fumante que, num ato de valentia resolve reduzir sua cota a meia dúzia de cigarros ao dia, em nada se beneficia com isso, pois está mantendo a anóxia periférica durante as horas de vigília. Não bastasse esse fato, a redução fixa ainda mais o vício, pelo complexo mecanismo psicológico da angústia gerada pelo uso intermitente da droga, no caso, a nicotina em dose reduzida.

Recomendações Finais

- Esteja sempre atento para preservar suas mãos.
- Não coloque suas mãos em água quente para aquecê-las quando estiverem frias ou pálidas.
- Habitue-se a protegê-las no inverno usando luvas.
- Jamais faça o chamado choque térmico com a ilusão de melhorar a circulação; é perigoso, pode acarretar lesão grave.
- Não fume, pois este vício prejudica a circulação e a mão é uma das partes do corpo que mais sofre. Aqueles que já têm problemas circulatórios podem apresentar gangrena.
- Apare as unhas adequadamente, corte a cutícula com muito cuidado. Não fique roendo as unhas: além de muito deselegante, pode causar lesões tróficas.
- Não ponha em risco suas mãos em acidentes do trabalho; use os dispositivos de segurança adequados e tenha cuidado. Evite acidentes caseiros, não experimente com os dedos o ferro elétrico para ver se está quente, não martele os dedos e nem experimente o corte da faca para ver se está afiada, pois poderá estar.
- Lave as mãos sempre que as usar. Proteja-as, pelo menos à noite, com creme hidratante ou algumas gotas de glicerina. Diariamente, antes de expô-las ao sol, use filtro solar, para evitar as manchas de hiperpigmentação que aparecem com a idade.
- Integre em seus hábitos exercícios sistemáticos com a mãos, abrindo-as de maneira ampla, fechando-as como quem espreme algo; com elas espalmadas, afaste os dedos lateralmente o mais que puder e aproxime-os, forçando.
- Conscientize-se de que as mãos são uma dádiva e lembre-se de usá-las também para levantar aos céus agradecendo esse privilégio.
- Com todos esses cuidados você estará garantindo sua subsistência com melhor qualidade de vida.

Capítulo 8

Pés que Levam Longe

Evolução e a Postura Ereta do Ser Humano

Os pés servem tanto! Todos pisam o dia todo e não lhes dão a atenção devida. Os doentes mais humildes estão de tal modo acostumados com o sofrimento que chegam ao ponto de achar que o pé está doente só quando está preto, já gangrenando. Para muitos, nem mesmo a dor é suficiente para avisar que as coisas não vão bem. O médico que atende a todos os doentes, sem discriminação, sabe o quanto é verdadeiro esse relato. É melancólico o significado social desse fato. Pode-se aquilatar o nível cultural de nosso povo pela sua sensibilidade à dor.

Pretendo, pelo menos, salvar os pés daqueles que, tendo condições para cuidar deles corretamente, não o fazem por negligência ou por não estarem corretamente orientados.

A natureza, quando resolveu levantar o homem na série animal e colocá-lo de pé, teve o cuidado de seguir um fascinante projeto arquitetônico com arcadas de apoios. Utilizou blocos de um concreto especial – os ossos – e assentou-os com junturas peculiares – as articulações, que possibilitam grande mobilidade. Elas são reforçadas por resistentes vigas – os ligamentos – e protegidas com o mais perfeito lubrificante permanente – a sinóvia. Um complexo sistema de cabos e polias, tendões musculares e bainhas transmite grande força, a força muscular, capaz de mobilizar todo o conjunto – andar e correr.

Integra a construção complexo sistema hidráulico – artérias, veias e linfáticos, dispondo de válvulas e até de uma bomba de recalque – *coração venoso*, para ajudar a elevar o sangue a andares superiores. O seu avançado sistema de comunicação dispõe de linhas bem isoladas e perfeitamente distribuídas – nervos – utilizando sensores capazes de distinguir dor, posição, calor, informando as condições de temperatura – terminações nervosas sensitivas; está acoplado ao computador – cérebro, aliás, o mais perfeito de todos, por ter inteligência e praticamente não gastar energia para suas operações.

O acabamento geral é feito com um revestimento em camadas – a pele – com resistências variadas e adequadas às funções. Para completar, dispõe ainda de elementos de proteção e defesa: pêlos e unhas.

Arquitetura do Pé

O pé tem três pontos de apoio: um posterior, no calcanhar e dois anteriores, um de cada lado. Os três pontos unidos formam um triângulo que apresenta dois arcos: o transverso, unindo os apoios anteriores e o longitudinal, unindo o anterior ao posterior e passando pelo lado interno do pé. A pele, pelo atrito e como resposta fisiológica natural, aumenta sua espessura; cresce a camada de células mortas e assim aumenta a hiperceratose ou a calosidade.

A pele da planta do pé é tão rica em veias que os anatomistas descrevem-na como "palmilha venosa" que, pelo fato de a cada passo *espremer* uma boa quantidade de sangue na circulação, SILVA SANTOS denominou "coração venoso".

Os pés têm intervenção simpática que controla o calibre de artérias, arteríolas e capilares e a secreção das glândulas sudoríparas.

O conhecimento destes aspectos da anatomia é suficiente para se entender como alguns fatos se passam e o porquê de certos procedimentos.

As arcadas, como as da engenharia civil, são projetadas para sustentar determinado peso e, também como elas, o material tem sua resistência cujo o tempo de uso leva à fadiga. Assim, com o passar dos anos há certa facilidade para elas arrearem, se estiverem submetidas a um regime de cargas maiores do que aquelas para as quais foram calculadas, ou seja, dez ou vinte quilos de obesidade acabarão por fazê-las ceder; então, instala-se o pé plano. O conhecido "pé chato" provoca profundas alterações da estática do pé com conseqüentes repercussões. As dores nas pernas que muitos pacientes querem atribuir a inocentes veias, não se conformando quando se lhes mostra que o problema está no pé, podem ser explicadas, ainda, pela analogia com a construção civil. As dores nas pernas dos portadores de pés planos correspondem às trincas nas paredes devidas a alicerces fracos. Nas duas situações, embora a manifestação esteja em cima, o problema desencadeador está embaixo.

O fato de as arcadas arrearem faz que o andar se modifique, produzindo atrito em outras áreas da planta do pé. A pele traumatizada constantemente aumenta sua produção de células superficiais e mais calosidades aparecem. Estas incomodam e agravam a maneira errada de pisar. Instala-se o ciclo vicioso: surgem calosidades que obrigam a pisar pior. Assim, progressivamente, o pé vai apresentando outras deformidades.

As calosidades, principalmente as do calcanhar, costumam se formar entre as pessoas que andam descalças ou com sandálias; são suscetíveis de fender promovendo rachaduras que, quando se aprofundam, chegam a lesar a parte viva da pele e tornam-se dolorosas, além de constituir porta aberta para infecções.

Este problema, que se apresenta complexo, é elementar para ser entendido, mas um martírio para suas vítimas.

Pé Chato

O problema do pé plano, popularmente chamado de "pé chato" pode ser praticamente resolvido com o uso de palmilha e, quando o paciente é obeso, com emagrecimento até o peso ideal. Estas duas prescrições tão simples dificilmente são viáveis. A palmilha, para a mulher, é praticamente impossível de ser usada com constância. Poucas se submetem a usar sapatos fechados para contê-las e o uso intermitente, descontínuo, acaba por aumentar a dor. É como se pusesse uma escora em uma parede e todos os dias ela fosse removida, sendo recolocada algumas horas depois. Compreende-se que a parede não resista e logo venha a ruir. Para o homem, em decorrência de sua indumentária diferente, não há tal problema e a palmilha é mais bem aceita e utilizada de modo correto.

O lixar as calosidades diariamente, com "ralinho" ou pedra-pomes, deve integrar os hábitos higiênicos das pessoas em geral e, em particular, das que têm calosidades. O "fazer o pé", no mínimo uma vez por mês, com lixas a motor, é recomendável. Os calcanhares bem tratados podem ser mantidos finos, sem hiperceratose. A aplicação de cremes hidratantes completa a proteção da pele. Neste ponto, cabe lembrar que o uso de sapatos inadequados ou o andar incorreto, bem como o cortar erradamente as unhas dos pés, podem fazer com que elas encravem. Essa condição é facilmente acompanhada de infecção local, agravando o problema. A ponta encravada deve ser removida, a infecção drenada e a unha aparada de maneira reta para impedir que se encrave novamente.

Os interdígitos devem ser vigiados todos os dias, pois são lugares propensos ao desenvolvimento de micoses, já que a riqueza desse local em glândulas sudoríparas, aliada ao uso de sapatos fechados, propicia a umidade em que cresce o fungo. O hábito de secar bem os espaços entre os dedos, após o banho, bem como o emprego freqüente de antimicótico, minimizam o problema. Há casos em que a sudorese é tão abundante que se recomenda antiperspirante em forma de *spray* para mantê-los secos mais horas do dia.

É oportuno lembrar os cuidados especiais que devem ser mais intensos nos que têm maior probabilidade de apresentar problemas nos pés. Pessoas que integram o que se pode chamar de "grupo de risco". Estão nele todos os idosos; indivíduos portadores de doenças vasculares, arteriais, venosas e linfáticas; diabéticos; paciente com afecções ortopédicas; os reumáticos e aqueles que têm problemas sistêmicos com repercussão nos pés.

Pés do Idoso

Os idosos têm menos gordura nos pés, ficando estes menos protegidos e frios. A isso se acresce terem suas artérias endurecidas e estreitadas, de maneira a dificultar a perfusão tecidual. A vulnerabilidade do pé a qualquer trauma é, sem dúvida, maior do que nos jovens. A pele fica sempre menos resistente e pequenos ferimentos que passariam despercebidos no jovem tornam-se problemas de conseqüências imprevisíveis.

É recomendável que o idoso não use meias cerzidas, sapatos duros ou apertados e nem tão velhos que estejam deformados. Devem ter cuidado até com a temperatura da água no banho, pois a pele, sendo menos resistente, pode se queimar a temperaturas mais altas: como ela está lesada, as terminações nervosas que captam a informação de calor estão igualmente lesadas e não distinguem, em tempo, a temperatura. Eles correm risco até quando usam uma bolsa de água quente que, por seu peso, dificulta a circulação e, por seu calor, pode queimar a pele sem resistência. O paciente sequer percebe, pois o sistema de comunicação pele-cérebro está funcionando precariamente. Este raciocínio é válido para os portadores de doenças comuns nas décadas finais da vida, como as vasculares e neurológicas. Ainda podem ser agregados a esse grupo os diabéticos que, pela lesão neurológica causada pela doença, apresentam áreas anestesiadas do pé, têm grande suscetibilidade a qualquer traumatismo e, cujos níveis elevados de açúcar no sangue propiciam fácil desenvolvimento de germes. Assim, um diabético que não cuida corretamente de sua doença corre o risco de perder o pé, em decorrência de um pequeno traumatismo. Soma-se a tudo isso que o diabetes condiciona a evolução diferente da arteriosclerose, que passa a afetar mais as arteríolas, tornando precária a circulação fina dos pés, tornando-os ainda mais vulneráveis. As doenças ortopédicas e reumáticas, bem como outras afecções dos pés pelo andar forçado ou pela incompatibilidade com o calçado, exigem outros tipos de cuidados especiais. Os portadores de varizes têm, pela natureza da doença, maior dificuldade no retorno do sangue. Isso facilita a instalação de edema. Os portadores de lesão do sistema linfático também têm edema, o chamado linfedema.

Recomendações Finais

Mesmo sem ter nenhum problema nos pés, integre, em seus hábitos, os seguintes preceitos:

- Nunca experimente com os pés a água do banho para saber se está quente.
- Durante o banho diário passe pedra-pomes ou "ralinho" nas calosidades.
- Após o banho, enxugue bem os pés e entre os dedos passe um pano fino e bem absorvente ou use o secador de cabelos.
- Aplique, a seguir, antiperspirante ultra-seco do tipo *spray*, para evitar a umidade do suor.
- Corte ou lixe semanalmente, após o banho, as unhas de forma transversal, em linha reta e nunca mais curta que a extremidade do dedo.
- Faça os pés mensalmente, lixando-os com motorzinho e cortando a cutícula.

- Não use meias cerzidas e troque-as pelo menos uma vez ao dia.
- Não use sapatos apertados, que machuquem ou velhos, já deformados, que facilitam o andar vicioso.
- Evite sandálias com os calcanhares abertos.
- Não ande descalço fora de casa ou da praia. Caso você tenha algum problema no pé, procure seu médico, não se automedique, nem mesmo use bolsa de água quente; você viu que ela pode ser fatal!
- Seja amigo de seus pés, trate-os bem, assim, você irá longe com eles.

Capítulo 9

Psiquismo no Envelhecimento

É oportuno discorrer mais amplamente sobre o psiquismo ao se tratar de envelhecimento. Transcrevo na íntegra Guido Arturo Palomba que, em seu *Tratado de Psiquiatria Forense*, diz o seguinte: "A velhice não é um estado patológico, mas a culminação da vida, uma etapa do desdobramento individual. A velhice não é um acidente mecânico tal qual a morte, mas a conseqüência inelutável do viver sem esse acidente. A velhice tem uma dimensão existencial própria – é um fato natural inerente à vida humana (ou se morre cedo ou se envelhece), cuja etapa depende da herança biológica, da situação socioeconômica e da própria cultura na qual o idoso está inserido, que atinge o homem e a sua relação com o meio social que o circunda. Em verdade, existe no idoso uma perda linear da capacidade para a realização de certos trabalhos, físicos e mentais, mas, por outro lado, o psiquismo, estando conservado, tem certas características positivas.

Entre os fatos que se mantêm ascendentes encontram-se:

- Mais exatidão para perceber certos acontecimentos, uma vez que as emoções são menos proeminentes.
- Boa ordenação do tempo e das atividades, permitindo a utilização adequada das capacidades existentes.
- A paciência e a compreensão são maiores nos mais idosos.
- A estratégia é mais aguçada.
- Maior capacidade para manejar as experiências acumuladas.

- Aumento da serenidade nas decisões.
- A espiritualidade se expande.
- Aumentam a objetividade, a ponderação, o equilíbrio e a fidelidade.

Ao lado desses traços positivos há outros negativos, ainda que não sejam rigorosamente patológicos, e sim fisiológicos. São eles:

- Atitude hostil ante o novo.
- Lentidão dos rendimentos de fadiga.
- Diminuição das aspirações, ausência de planos para o futuro.
- Apego ao conservadorismo.
- Diminuição global do rendimento intelectual.
- Enfraquecimento da memória.

Se existe um envelhecimento fisiológico, normal, por outro lado existe um anormal, patológico e a distinção entre um e outro, muitas vezes, nada mais é do que o simples exagero ou aceleração dos processos da velhice. Mas é preciso lembrar que a ligação entre problemas somáticos e psíquicos vai se estreitando à medida que a idade avança, porque um processo de degeneração ou de comprometimento físico, na idade avançada, dificilmente deixa de afetar o cérebro.

Além do mais, a estrutura física cerebral do idoso é mais fraca do que a do adulto ou do jovem. Os vasos sangüíneos são mais sensíveis, havendo quem dissesse algures que eles, na juventude, são de ferro e, na velhice, de porcelana. O declínio na velhice está sujeito a muitas variações, provavelmente relacionado com a diminuição do número de células ou de unidades funcionais que se verifica com o avançar dos anos. *Pari passu* das modificações estruturais do cérebro há, ainda, importantes alterações bioquímicas. Porém, sejam as alterações morfológicas ou fisiológicas, elas estão na dependência direta de fatores genéticos, os quais executam papel relevante no controle dessa medida, sem esquecer que fatores ambientais também contribuem para a modificação da hereditariedade, agravando ou minimizando os seus efeitos.

Isolamento social, perdas afetivas, aposentadoria, pobreza são os mais freqüentes agravantes, ao passo que vida em família, atividades físicas, sociais e recreativas, ocupação intelectual, os minimizadores.

Os principais transtornos na velhice são depressão involutiva, mania involutiva, arteriosclerose cerebral, demência senil, estados psicóticos de início tardio, neuroses da velhice".

Capítulo 10

Sexualidade e Tabus

Quarenta anos é velhice para a juventude;
cinqüenta é juventude para a velhice.
Victor Hugo

A sexualidade é cheia de tabus que prejudicam o relacionamento sexual. A mulher, com a idade, chega acreditar que deve se abster, outras acreditam que com a menopausa os desejos desaparecem. O homem se apavora com o medo da disfunção erétil. Na realidade, o que muda é a fantasia que, da simples imaginação e visão, passa a necessitar de estímulos diretos nas áreas erógenas.

O que pode prejudicar o indivíduo é a influência de certas alterações naturais que ocorrem e que podem gerar ansiedade e, assim, prejudicar seu desempenho. O período refratário, aumentando o tempo entre duas ereções, pode preocupá-lo. A altura do pênis na ereção pode diminuir e lhe causar apreensão, sendo fator gerador de ansiedade. Entretanto, a ocorrência da ereção noturna espontânea é garantia de que não há causa orgânica de impotência e que, talvez, seja a ansiedade decorrente do temor que esteja interferindo no desempenho. Pode haver diminuição da atividade sexual, mas também o prazer pode aumentar. Essa afirmativa é válida tanto para o homem como para a mulher.

Como a Natureza Programa o Sexo

Estabelecer o sexo do indivíduo exige, de início, exame da genitália externa e, quando adolescente ou adulto, também averiguação dos caracteres sexuais secundários. Casos dúbios, pela falta de diferenciação dos órgãos genitais, como nos estados intersexuais e nos de pseudo-hermafroditismo, são esclarecidos por médicos. Tais dúvidas desencadeiam problemas de ordem legal, desde os primeiros momentos da vida, quando da necessidade do registro cartorial do nome. A situação é resolvida oficialmente pela polícia e sempre por meio de *perícias médico-legais* com sentença de juiz. As perícias seguem a seqüência lógica de exame clínico minucioso, exame psiquiátrico, quando necessário e exames complementares. Modernamente, a videolaparoscopia tem contribuído muito para o diagnóstico dessa natureza. Esse exame, embora exija assistência ventilatória, feita com anestesista, permite visualização dos órgãos genitais internos possibilitando a feitura da biópsia, ou seja, retirada de fragmento de tecido para estudo histológico, no sentido de identificar a sua natureza gonadal.

Os cromossomas são parte do núcleo das células, sejam animais ou vegetais, constituídos de ácido desoxirribonucléico referido comumente pela sigla, em inglês, DNA. Constituem a *cromatina* do núcleo que, no momento da divisão celular, se fragmenta em cromossomas dispostos aos pares e sempre em números fixos para cada espécie.

Gene é a partícula do cromossoma que transmite os caracteres hereditários. O sexo é hereditariamente determinado pelos genes X e Y, no momento da fecundação.

Assim, o homem produz espermatozóide com genes X ou Y e, a mulher, apenas óvulos com genes X. O resultado da fecundação do espermatozóide carregando gene X será um ovo XX ao passo que, na eventualidade de o espermatozóide carregar um gene Y, o ovo será XY. No primeiro caso, resultará uma criança do sexo feminino XX e, no seguinte, do sexo masculino XY. Estatisticamente, a probabilidade de nascer menino ou menina é igual. As variações quando os casais têm mais filhos de um sexo do que do outro são puramente aleatórias. Esse fato é confirmado pelos testes estatísticos de significância, isto é, está dentro dos limites de tolerância admissíveis como obra do acaso nos estudos biológicos. Do ponto de vista genético, o sexo do indivíduo é definido pela identificação da cromatina, que indica a presença do cromossoma Y, no caso do masculino e do X, no do feminino. A falta ou o excesso de cromossomas sexuais altera o tamanho dos dentes: assim, as mulheres que têm cromossomas XXX e não XX e os homens que têm XYY têm dentes maiores que o comum.

A diferenciação sexual normal, como refere HORÁCIO ROSÁRIO, "inicia-se na sexta semana. O embrião com o par cromossômico XY, devido à presença do Y, formará substância morfogenética, secreção androgênica, hormônios masculinos e antígenos HY, que por sua vez determinarão a formação do aparelho reprodutor masculino a partir de gônadas embrionárias indiferenciadas".

O embrião com par cromossômico XX, em virtude da ausência do Y, determina a ausência de substância morfogenética, secreção androgênica e antígeno HY, que formarão o aparelho reprodutor feminino. A diferenciação sexual anômala pode originar o pseudo-hermafrodita masculino, o pseudo-hermafrodita feminino ou hermafrodita.

Fundamentalmente, o pseudo-hermafrodita masculino caracteriza-se por apresentar sexo genético masculino e genitália externa feminizada, em vários graus. O pseudo-hermafrodita feminino apresenta sexo genético feminino e genitália externa masculinizada, em vários graus. O hermafrodita possui tecidos ou órgãos masculinos e femininos ou ovotestis. A genitália externa é ambígua, masculina em 70% dos casos. O sexo genético é do tipo mosaico XX/XY.

Têm ocorrido nascimentos de crianças que, sem um exame adequado da genitália externa, são identificadas apenas pela falsa genitália, recebendo um nome não coerente com seu sexo genético. Com freqüência, essas crianças apresentam problemas de comportamento sexual, com dificuldades especialmente na puberdade e adolescência, até que sejam devidamente diagnosticadas e recebam tratamento médico e psicológico.

A conformação, bem como o comportamento do indivíduo quanto ao sexo dependem de outros fatores além do genético, como a influência hormonal que interfere, desde fases embriológicas precoces, na evolução e no desenvolvimento da forma e da função dos órgãos genitais, com repercussão em seu psiquismo. O sexo não pode ser sempre definido apenas pelos aspectos morfológicos da genitália externa, embora, em princípio, comumente o seja. Há de se considerar, nos casos dúbios, também a genitália interna, a partir da puberdade.

O comportamento sexual depende do sexo genético, da diferenciação sexual das gônadas e de fatores psicológicos, dentre muitos outros.

Para completar o perfil sexual do indivíduo, devem ser considerados, a partir da puberdade, os caracteres sexuais secundários do homem e da mulher. Eles serão apresentados comparativamente para ressaltar as diferenças. A conformação corpórea global do homem mostra diferenças nítidas de disposição volumétrica de triângulo isósceles de base cranial, contrapondo-se à da mulher, que é em curvas harmônicas, com saliências decorrentes da projeção das mamas, do quadril e das nádegas. Os eixos verticais são predominantes no homem, enquanto os transversais são mais nítidos na mulher, sugerindo que o homem lembre mais o tipo *longilíneo* e, a mulher, o *brevilíneo*.

Os principais caracteres sexuais secundários que aparecem na puberdade são, na mulher, desenvolvimento das mamas, disposição adiposa nos quadris e nas nádegas, pêlos axilares e pubianos com disposição triangular e libido dirigida para o homem. Em ambos os sexos, no período da adolescência, costumam aparecer espinhas na face. Nessa fase aparecem também modificações psicológicas. O adolescente comporta-se de maneira contestatória e com arroubos imprevisíveis. Tem ódio e amor, ao mesmo tempo, pelos pais, pelos irmãos. Tem respostas desproporcionais aos fatos desencadeadores; exaltação e depressão, alternadamente, em momentos próximos. Suas emoções são intensas e, às vezes, extremas. Tudo se apresenta para ele como uma grande confusão. Está procurando, a cada momento, encontrar sua própria identidade.

No sexo masculino, na puberdade, a caracterização se faz pelo aparecimento de barba, bigode, pêlos nas axilas, no tórax, nos membros e pêlos pubianos com disposição triangular. Paralelamente a esses fatos há aumento da laringe com aparecimento do *pomo-de-adão* e conseqüente modificação do timbre de voz, que vai se tornando mais grave. Aparece a libido dirigida para o sexo oposto e modificações comportamentais.

As gônadas, masculinas – *testículos* e femininas – *ovários*, produzem além de espermatozóides e óvulos, respectivamente, também os hormônios.

O testículo produz os *androgênios* e, o ovário, *estrogênio* e *progesterona*. No complexo mecanismo de produção desses hormônios, a hipófise participa secretando o *hormônio gonadotrófico*. Este é luteinizante e estimula as células intersticiais do testículo a produzirem androgênios. O córtex da glândula supra-renal também elabora hormônios sexuais masculinos. Esse fenômeno ocorre não só no homem, como na mulher. Na eventualidade de aparecer tumor ou simples hiperplasia dessa glândula, em mulheres, as taxas sangüíneas aumentam e elas passam a apresentar características sexuais secundárias semelhantes às do homem, a saber, barba, bigode e possível alteração de voz.

O ovário, também suscetível ao estímulo da gonadotrofina, produz o *estrogênio*, responsável pelo aparecimento dos caracteres sexuais secundários femininos. A *progesterona ou luteína* é o hormônio produzido pelo *corpo lúteo* do ovário, que aparece como cicatriz de cor amarelada no *folículo de Graaf*, no local de liberação do óvulo e tem por função preparar o *endométrio*, a mucosa interna do útero, para receber o ovo, estimulando a proliferação glandular. Essa mesma progesterona, por sua vez, inibe a hipófise na produção de estrogênio.

Nesse contexto, cabe lembrar os hormônios que participam da função de reprodução e que podem, facilmente, ser identificados. A urina da mulher grávida contém *gonadotrofina coriônica*. Nesta aparecem os *cetosteróides*, produzidos pelas glândulas adrenais.

Há de se ressaltar a importância da produção adequada dos hormônios quanto à quantidade e à ocasião no sinergismo de suas ações, bem como os conseqüentes reflexos individuais, somáticos e psíquicos que podem advir de eventuais perturbações.

A dosagem de gonadotrofina coriônica é feita na urina da mulher e permite o diagnóstico precoce de gravidez. Dosam-se cetosteróides urinários nos casos de síndrome de Stein-Leventhal e de hiperandrogenias adrenais, colorimetricamente, método que apresenta resultados em tabelas com indicação dos valores referenciais.

Vontade Sexual

Libido, apetência ou desejo sexual é o impulso para satisfazer a tendência natural com relação ao sexo. A intensidade varia de um indivíduo para outro e depende de múltiplas situações, como condição de abstinência sexual, grau de fantasia e certa espontaneidade. Desenvolve-se entre as chamadas emoções agradáveis. É passível de múltiplas interferências individuais como estado de saúde, idade, cultura, educação, realização, além de depender também do grau de interesse momentâneo do(a) parceiro(a). Nesse contexto, devem ser lembrados os efeitos secundários à ação farmacológica dos medicamentos e drogas de uso habitual do indivíduo, sejam para controle de certas doenças, sejam decorrentes de hábitos ou vícios e que podem influenciar o desejo sexual.

O equilíbrio dos hormônios naturais, autógenos, que o próprio organismo produz, participando do processo de caracterização do sexo, da fase embrionária até a senilidade, influênciando o ciclo menstrual na mulher da puberdade ao climatério e, por ocasião da gestação, da nidação do ovo ao parto, determina o desejo sexual do indivíduo.

A *evolução do ato sexual* se dá em fases referidas na literatura como *excitação, platô e orgasmo.* O processo de estímulo sexual e a correspondente resposta ocorrem em fases que se seguem em continuidade e de maneira progressiva, tanto no homem como na mulher. De maneira didática, MASTERS e JOHNSON dividem o ciclo de respostas em quatro fases, a saber: *excitação, platô, orgasmo e resolução.* Na mulher, obedece ao complexo mecanismo de ordem emocional, independente da função hormonal ovariana. Esse fato faz com que aquelas que tiveram vida sexual ativa prolonguem, por muito mais tempo, os prazeres dessa atividade, mesmo depois do climatério, após o término da produção de hormônios ovarianos.

A *excitação* acontece por duas vias nervosas, a psíquica e a reflexa. A via psíquica de excitação desencadeia-se por imaginação, fantasia, visualização de quadros, audição, odor, condições eróticas ou situações sexuais. A via reflexa simples, sem participação do córtex cerebral, potencializa os estímulos gerados pela condição anterior ou vice-versa. Este reflexo pode ser potencializado pela fantasia.

A superfície da pele, tanto do homem como da mulher, é dotada de terminações nervosas sensitivas que captam os estímulos. Estes, quando bem superficiais, excitam os pêlos, produzindo o arrepio pela contração do músculo liso, integrantes do aparelho piloso. A mama, como território erógeno, se inturgesce pela manipulação ou sucção. A papila entra em ereção, a aréola torna-se congesta e muda de cor. Toda estimulação por contato é potencializada pela emoção e pela fantasia.

Há, na mulher, dois pontos erógenos predominantes, o *clitóris* e a chamada *zona erógena de Gräfenberg,* o chamado *ponto G,* localizado na parede superior do terço anterior da vagina, extremamente sensível à *pressão profunda e insistente.* Essas condições persistem da puberdade a idades avançadas, embora as deficiências hormonais prejudiquem a elasticidade da vagina, o que pode ser corrigido medicamentosamente.

No homem, a idade interfere nesse contexto com o aumento do período refratário para repetição do quadro de excitação, na eventualidade de sua interrupção.

Tanto no homem como na mulher, além dos órgãos genitais externos, aréola mamária e papila, lábios da boca e o períneo, pela sua extrema riqueza em terminações nervosas particularmente sensitivas e ligadas psicologicamente às fases oral, anal e genital da sexualidade do indivíduo, do nascimento à puberdade, integram as áreas que, por manipulação, geram grande excitação.

A excitação depende da adequação do estímulo e produz, na mulher, congestão sangüínea progressiva dos genitais e conseqüente gotejamento de líquido lubrificante com umidificação da vagina e endurecimento do clitóris enquanto, no homem, ocorrem crescimento e endurecimento do pênis. Este fato pode ser repetido com pequenos intervalos na juventude mas, com a idade, eles vão se alongando. Com o passar do tempo, a estimulação somática torna-se mais eficiente do que a psíquica, embora ambas se reforcem. Há rubor da pele do tronco, que se generaliza mais extensamente na mulher do que no homem; as papilas também entram em ereção em decorrência de contração muscular, mais por excitação psíquica do que tátil. Neste fenômeno não há contingente vascular para participar do ingurgitamento.

A fase seguinte, chamada platô, corresponde ao prolongamento da fase de excitação durante maior ou menor tempo, na dependência do aprimoramento harmônico do casal. Essa fase, no homem, é caracterizada pela intensa congestão da genitália, interna e externa, com ingurgitamento dos testículos, elevação do escroto, encurtamento dos deferentes e, na mulher, pelo correspondente intumescimento dos grandes lábios e alteração de cor da vagina. Ambos sentem uma progressiva sensação de prazer atingindo seu clímax na fase seguinte.

A *fase orgásmica* corresponde ao auge da relação sexual, quando a congestão sangüínea atinge o máximo. A duração dessa fase é pequena, mas com grande prazer. O processo entra em resolução com a ejaculação e em ambos, mulher e homem, apresenta contrações perineais rítmicas.

A resolução ocorre no período final do ato sexual após o orgasmo, com volta ao repouso de todos os órgãos e tecidos, com relaxamento muscular, baixa da pressão arterial, normalização do pulso e da respiração. Uma película de suor na pele é a resposta das glândulas sudoríparas à estimulação simpática ocorrida durante o ato. Tentativas malogradas de orgasmo com insistência exagerada podem levar a mulher à exaustão, com intensa congestão pelviana e eventuais sensações desagradáveis, como desconforto no baixo ventre.

Capítulo 11

Fisiologia da Ereção

A compreensão adequada de como ocorrem, no homem, os processos preparativos para seu desempenho no ato sexual exige determinados conhecimentos sobre o funcionamento do sistema nervoso. Para fins exclusivamente didáticos, o sistema nervoso é, de maneira simplista, constituído de uma parte central, *encéfalo e medula*, e outra periférica, *nervos e gânglios*. Intimamente relacionado a esse complexo está o chamado *sistema nervoso autônomo*, responsável pela vida vegetativa. Este sistema é dividido, por sua vez, em dois componentes, que atuam de maneira antagônica. São denominados *sistema nervoso simpático* e *sistema nervoso parassimpático*. Ambos conduzem impulsos nervosos e atingem os tecidos das vísceras, a musculatura lisa, o coração e as glândulas sudoríparas, ou seja, as que secretam suor.

No estudo de sua morfologia deve ser salientado o fato de o simpático apresentar, além de nervos e plexos, duas cadeias de gânglios, localizadas ventralmente de cada lado da coluna vertebral, do pescoço até a parte terminal do tronco, chamadas coluna sacra.

O *sistema nervoso central* engloba cérebro, cerebelo, bulbo, ponte e medula espinal. A ação voluntária do indivíduo exige a participação do *córtex do cérebro*. O *sistema nervoso periférico* é formado de troncos nervosos, plexos e nervos, cujas terminações chegam a toda superfície da pele ou *tegumento*, captando sensações que caminham até o córtex cerebral pelos *nervos sensitivos*. Estes têm terminações periféricas específicas para captar tato, calor, frio, dor e dar orientação quanto à localização dos segmentos corpóreos, mais abundantes nas articulações: são os chamados *receptores proprioceptivos.* Nesse contexto estão, ainda, os órgãos dos sentidos – *sensoriais* – extremamente especializados: *da visão; vestibulococlear,* para audição e equilíbrio; *do olfato* ou *glândulas olfatórias* e *da gustação (papilas da língua).*

A inervação simpática dos genitais é feita por neurônios situados nos últimos segmentos do tronco simpático, torácicos e primeiros lombares; estabelecem sinapses com neurônios grupados ou esparsos dos plexos mesentérico inferior, hipogástrico superior e hipogástrico inferior. As fibras que aí se originam entram na constituição dos plexos vesical, hemorroidal médio e prostático (ou uterovaginal) e terminam em efetores viscerais situados, no homem, no conduto deferente (porção pélvica), nos ductos ejaculadores, nas vesículas seminais e na próstata; na mulher, no útero, em parte da trompa e na vagina. Os testículos, assim como ovários e trompas, recebem fibras simpáticas provenientes de células ganglionares dos plexos renal e aórtico. Essas fibras, a fim de atingirem seus efetores viscerais, acompanham a artéria testicular (espermática interna), ou ovárica, em todo o seu trajeto. A inervação parassimpática dos genitais se faz por neurônios provindos dos segmentos sacrais da medula espinal, terminando em conexões sinápticas ou neurônios grupados ou esparsos, localizados no plexo prostático (ou uterovaginal). As fibras que aí se originam, acompanhando vasos, são distribuídas à próstata (ou útero e vagina) e, especialmente, a vasos do tecido cavernoso. Os impulsos simpáticos determinam vasoconstrição e contração da musculatura lisa da próstata, das vesículas seminais, da uretra prostática e do conduto deferente, e, provavelmente, de trompas, útero, vagina e ovários. Os impulsos parassimpáticos, cuja ação no útero é discutível, resultam em relaxamento da musculatura lisa das artérias do tecido cavernoso, mecanismo essencial para que haja estase sangüínea e conseqüente ereção do pênis (ou clitóris). Portanto, o contingente simpático é o responsável direto pela ejaculação e pelo restabelecimento da flacidez peniana após a ereção que, como foi visto, depende de ação parassimpática. (Cf. EROS BARROS ERHART – Neuranatomia)

As conexões entre os nervos, *sinapses,* permitem a passagem dos impulsos graças aos *mediadores químicos* de duas naturezas diferentes, a*cetilcolina* e *adrenalina,* desencadeando respostas contrárias. A *acetilcolina* tem poder vasodilatador enérgico, diminui os batimentos cardíacos e provoca a contração dos músculos lisos e estriados. A *adrenalina,* como função antagônica, age como estimulante das terminações simpáticas, é vasoconstritora ativa, acelera os batimentos cardíacos, provoca relaxamento dos músculos lisos, aumenta a mobilidade intestinal, é broncodilatadora, e desencadeia no fígado a liberação do neoglicogênio, transformando-o em glicose e aumentando imediatamente sua taxa no sangue.

A glândula adrenal, em sua porção medular, é produtora de *adrenalina* e o nervo toracolombar termina na camada medular dessa glândula. Essa via é utilizada pelo organismo para produzir a *reação de alarme* ou *resposta de alarme*, graças ao estímulo simpático que joga adrenalina diretamente na circulação sangüínea. Esse é o motivo pelo qual a estimulação simpática tem resposta generalizada e rápida, colocando o indivíduo em *situação de alerta*, pronto para a *luta* ou para a *fuga*. Assim, o susto e o medo desencadeiam instantaneamente uma resposta sistêmica, *desligando* qualquer outra função, para dar prioridade ao *alarme*. Tal resposta predomina sobre as atividades de todos os órgãos da economia humana.

Para entendimento da fisiologia da ereção, é preciso conhecer a inervação, bem como a vascularização da genitália masculina. A rica inervação sensitiva dos genitais externos masculinos, particularmente abundante em terminações na glande e, ainda maior em sua parte inferior onde se inicia o freio, propicia grande sensibilidade sexual. Os impulsos aí captados são transmitidos pelo nervo pudendo e, passando pelo plexo sacro, atingem a porção sacral da medula espinal, que os leva ao cérebro. As estruturas adjacentes ao pênis, como escroto, períneo e ânus, são extremamente sensíveis aos estímulos que contribuem para aumentar a tensão sexual. Por outro lado, o complexo e exuberante sistema vascular do pênis é constituído de tecido esponjoso erétil, contido em três corpos cilíndricos; um central, que contém a uretra com uma expansão, a glande, onde ela se abre e dois *corpos cavernosos* paralelos e acima dela. Os corpos cilíndricos são contidos em estruturas fibrosas e o conjunto envolto por uma camada mais densa.

As artérias do pênis, como a *dorsal*, que irriga as estruturas superficiais e a glande, são amplamente anastomosadas com o *corpo cavernoso*. A irrigação fina mostra duas particularidades: as artérias são extremamente tortuosas para que, na ereção, se desenrolem, acompanhando o crescimento do pênis e, por esse motivo, levam o nome de *artérias helicinas*. Outra peculiaridade é a presença, nessas artérias, dos chamados *coxins de Ebner*. No estado de ereção, com a artéria dilatada, permitem a livre passagem do sangue e, na flacidez, a obliteram, participando assim do mecanismo de abertura e fechamento do fluxo de sangue no pênis.

A dilatação das artérias decorre do relaxamento de sua musculatura e das fibras musculares das trabéculas entre as lacunas sangüíneas, possibilitando maior afluxo de sangue aos tecidos eréteis. A turgescência instalada comprime as lacunas mais periféricas contra os tecidos fibrosos, dificultando, assim, a saída de sangue pelas veias que drenam o sangue do pênis. Esse é o mecanismo de ereção.

A detumescência do pênis surge com o retorno da condição de contração da musculatura das artérias, impedindo o afluxo de sangue para mantê-lo erétil. A seguir, a drenagem venosa se instala. O sistema nervoso autônomo, simpático e parassimpático, é que comanda a dilatação e a contração dessas artérias.

Os dois contingentes, simpático e parassimpático, que em todos os órgãos tem funções antagônicas, no sistema genital masculino comportam-se de outra maneira. As funções simpática e parassimpática na atividade sexual não se antagonizam e, sim, complementam-se; o *hipotálamo promove essa integração.*

Há dois tipos de ereção: a reflexogênica e a psicogênica.

Na *ereção reflexogênica*, o parassimpático transmite os estímulos oriundos da genitália externa para os centros reflexógenos da ereção localizados na porção inferior da medula espinal, de onde partem os impulsos que determinam a dilatação das artérias do pênis com sua conseqüente ereção. Trata-se de *arco reflexo simples*, não há envolvimento de centros superiores. Não chega ao córtex cerebral. Assim, os estímulos, não indo ao cérebro, ficam fora da consciência. O intestino reto e a bexiga em estado de plenitude também desencadeiam o reflexo da ereção, sem que o homem esteja pensando em sexo.

Na *ereção psicogênica*, situações sexuais e a imaginação geram impulsos que, transmitidos à medula espinal, desencadeiam o comando para relaxar a musculatura das artérias penianas, dilatando-as e provocando afluxo de sangue e conseqüente ereção. Tal condição é reforçada pelo reflexo análogo descrito anteriormente. Uma vez em ereção, o pênis está preparado para a relação sexual. Caso esta não se efetue, ele perderá a condição e assim naturalmente entrará em detumescência. A ereção muito demorada, às vezes seguida de trauma, pode levar ao *priapismo*, ou seja, trombose dos corpos cavernosos, com sérias conseqüências para ereções futuras. Exige tratamento imediato.

O equilíbrio entre o simpático e o parassimpático na manutenção da ereção é rompido quando condições adversas (susto, medo, pressão e estresse) ativam o sistema nervoso simpático, desligando-o da função sexual para agir de maneira sistêmica numa resposta de alarme.

Capítulo 12

Perfil da Mulher

Perfil da mulher é o conjunto dos vários períodos da vida. É como imaginar a menina que se torna idosa, passando pelas diferentes etapas da vida. As figuras mostram algumas das características predominantes em cada fase. No conjunto, a seqüência delas sugere a inexorabilidade do tempo que passa!

Infância

Período da vida que vai até os onze ou doze anos, em que a criança é envolta de grande inocência e transparece a beleza da potencialidade.

Puberdade

Fase caracterizada pela força hormonal, que desenvolve os caracteres sexuais secundários de modo a torná-los focos de irradiação de estímulos facilmente captados pelos sensores masculinos, em comunicação harmônica sem ruído e sem necessidade de decodificações. É a explosão da energia interna da natureza. Nesse período formam-se os conceitos próprios, desenvolvendo-se os juízos de valores, progressivamente, à custa do ensaio e erro. A jovem torna-se muito vulnerável e facilmente suscetível às influências nefastas, pela ilusão de resultados falsos de como se lhes são apresentados os fatos ainda, para elas, desconhecidos. A revolta natural contra os valores convencionais, estimulada pelo companheiro, também iludido quando ao significado, dificulta a passagem por essa fase.

FIGURA 12.1 – Infância, fase caracterizada pela indefinição sexual.

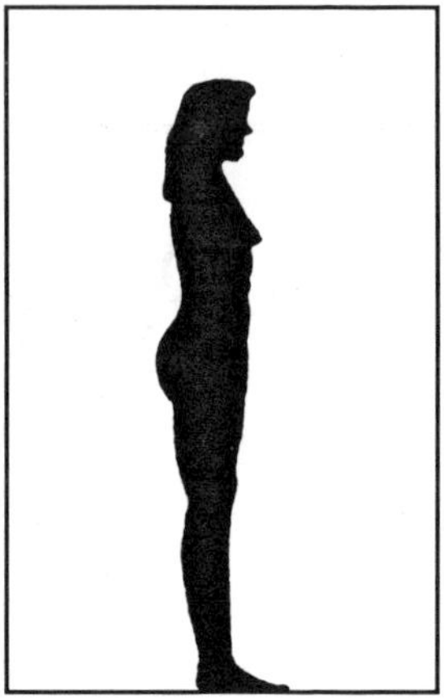

FIGURA 12.2 – Puberdade, fase caracterizada pelo despertar da diferenciação sexual.

Adolescência

A mocidade irradia esplendor que, em si, é uma forma de beleza; nessa fase, a auto-afirmação desencadeia atitudes exibicionistas com impulsos arrogantes e impertinentes decorrentes de conflito de identidade. A índole e o ambiente contribuirão para o adequado ajuste emocional, viabilizando o encontro dos objetivos estabelecidos pela vontade própria, com suficiente equilíbrio para evitar futuros arrependimentos. É, pois, a fase de escolha, de dedicação, que, com a anterior, resulta em seu maior investimento de vida para o futuro intelectual, emocional e material.

Adultidade

Adultidade ou adultícia é o período no qual a mulher está sexualmente pronta para ter filhos, hormonalmente equilibrada e psicologicamente preparada. Com as condições básicas satisfatórias para a concepção, desde que avaliadas pelo exame médico pré-nupcial, com acompanhamento sistemático por meio do exame pré-natal, cuidadosamente feito pelo obstetra e bem assistido pelo neonatologista, fatalmente resultará o parto com pleno êxito para mãe e filho.

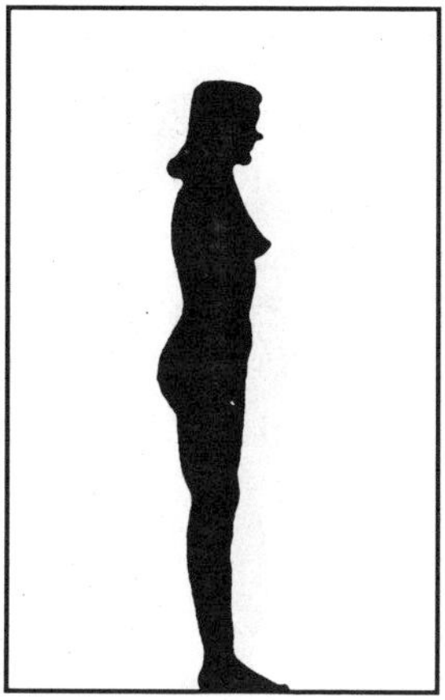

FIGURA 12.3 – Período da vida entre a puberdade e a idade adulta.

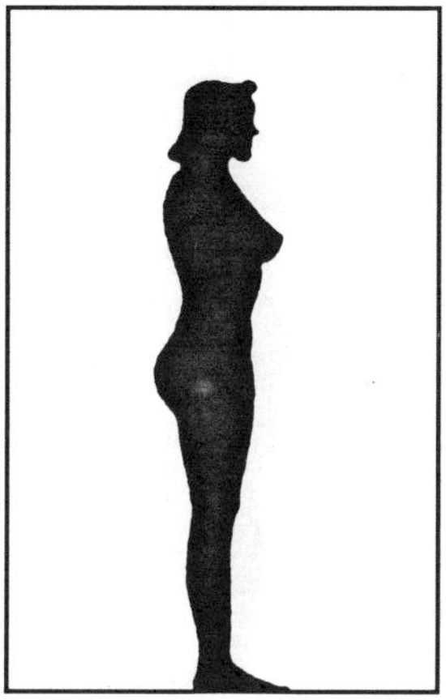

FIGURA 12.4 – Período de maturidade da mulher.

Menopausa

Menopausa ou menostasia inicia-se quando há interrupção da menstruação, é o inicio do chamado climatério. A mulher deixa de ser fértil, pois termina sua capacidade reprodutiva. Em tal período a mulher apresenta alterações de natureza geral, sistêmica, psíquica e local, para o aparelho genital. Os sintomas dessa fase são marcantes. As alterações gerais costumam ter escala variável e são ondas de calor, sudorese, palpitações, insônia, irritabilidade, constipação intestinal, além de outras menos freqüentes mas não menos incomodativas. Todas essas manifestações decorrem da queda da produção do estrogênio e conseqüente desequilíbrio hormonal.

Velhice

A evolução para a senilidade é progressiva, com maior ou menor rapidez, dependendo do que restou de produção hormonal ou do que foi substituído como tratamento prescrito pelo médico, que deve acompanhar a paciente nessa fase. Os órgãos genitais perdem o turgor, a vagina fica ressecada, os pêlos genitais rarefeitos e despigmentados. Paralelamente, as mamas tornam-se flácidas. Todos esses períodos apresentam alterações somáticas e psicológicas variáveis em amplitude dentro de certos

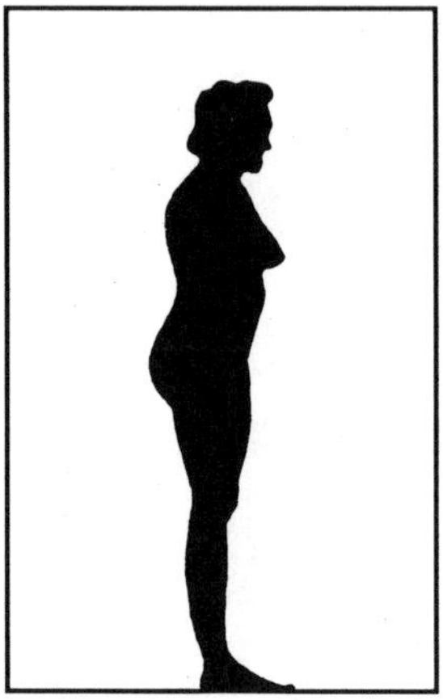

FIGURA 12.5 – Menopausa, período marcado pela cessação da menstruação.

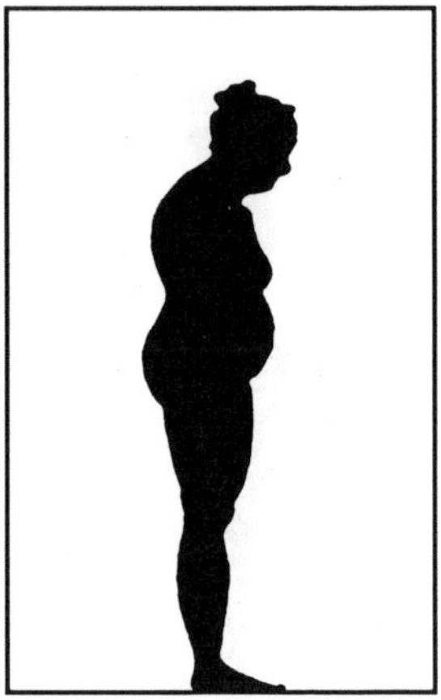

FIGURA 12.6 – Condição da mulher idosa.

limites. Quando estes são ultrapassados, é conveniente, se não obrigatório, o acompanhamento médico.

Regulação Endócrina

A mulher, em seu período fértil, tem ciclos menstruais obedecendo a um *mecanismo de regulação endócrino*. A expressão "menstruação" vem do latim *menstrua*, que tem o mesmo radical que *menstrualis*, que significa mensal. É uma descamação de tecido uterino interno com sangue que ocorre no fim do ciclo, no caso de o óvulo não ser fecundado. O ciclo é de 28 dias, podendo variar de 20 a 40 dias sem que isso seja considerado fora dos padrões aceitáveis como funcionais habituais.

O mecanismo da regulação do ciclo menstrual é hormonal, comandado pela *glândula hipófise* que, produzindo *hormônio folículo-estimulante*, ativa o folículo do óvulo a secretar o estrogênio (hormônio feminino). Em cerca de 28 dias, esse estágio, chamado folicular, termina com a descamação da mucosa uterina e subseqüentes sangramento e eliminação do *mênstruo*. Cálculos para controle devem considerar sempre como primeiro dia do ciclo o do início do sangramento. Inicia-se em oito dias com a eliminação do óvulo, que caminha pela tuba uterina, atingindo o útero para ferti-

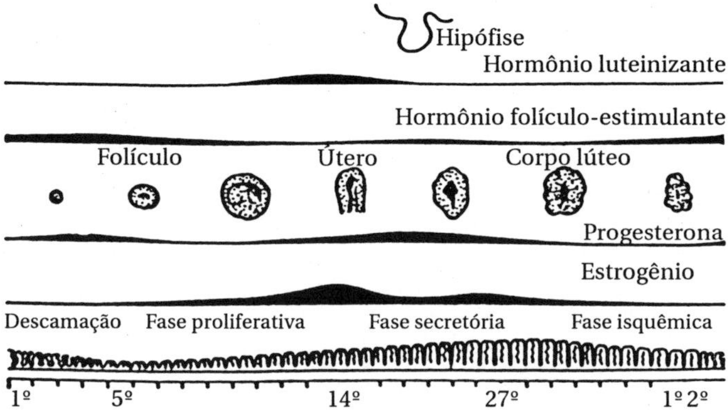

FIGURA 12.7 – Esquema de regulação endócrina do ciclo menstrual demonstrando as correlações entre as modificações diárias do endométrio e os níveis dos hormônios. No primeiro nível, no topo da figura, aparece a glândula hipófise; no segundo, a linha onde é representado o nível de produção do hormônio luteinizante; no terceiro, a do hormônio folículo-estimulante; no quarto, as imagens representativas do folículo – primário, em desenvolvimento e maduro; a seguir, o útero e o corpo lúteo – inicial, maduro e degenerado; no quinto nível, aparece a produção da progesterona; no sexto, a do estrogênio; no sétimo, as fases seqüenciais das modificações do endométrio e, finalmente, no oitavo, os dias do ciclo menstrual a que os fenômenos correspondem.

lização, no caso de encontrar espermatozóide, ou não. Não encontrando o espermatozóide, tudo se repete. Durante 14 dias após a eliminação do óvulo, o folículo continua secretando estrogênio. Essa fase prepara a mucosa uterina para a chegada do ovo e a nidação, iniciando-se a gestação.

Parte IV

Conceito de Valor

Capítulo 13

Qualidade de Vida

... é a consciência do estado de perfeita satisfação íntima.

Hoje em dia não há expressão tão usada quanto a do título deste capítulo: qualidade de vida. Entretanto, poucos a definiram, acredito que pela ampla gama de variações que ela oferece. Na verdade, pode-se dizer que é difícil estabelecer uma frase capaz de defini-la de modo a satisfazer todos os indivíduos do universo. O que é válido para um não o é para outros. Entretanto, o válido para cada indivíduo é o que ele próprio sente. Nunca se sabe o que no íntimo de cada indivíduo gera a força que o sustenta. Assim, um problema que para os outros aparentemente é motivo de dó, para sua vítima é a estrutura de sua força moral que sustenta tudo.

Veja-se como é difícil definir saúde. Para Leriche, saúde é a inconsciência do corpo; para outros, é a ausência de doença e muitas são as definições; porém, elas não satisfazem plenamente. A própria OMS – Organização Mundial da Saúde define-a como o "bem-estar físico e mental do indivíduo", o que pode não ser verdade se o indivíduo tiver uma doença oculta.

Vou usar a palavra "normal" para ressaltar a dificuldade que se tem para definir uma das expressões mais usadas em medicina. Sendo termo estatístico, sua aplicação fora dessa área é inadequada. A complexidade da natureza humana leva à natural dificuldade para se estabelecer o limite do que pode ser admitido como "normal" no organismo. Há, em todas as funções, um ritmo tido como padrão. Porém, os valores contidos numa certa amplitude de variação ocorrem sem que desvios maiores signifiquem sempre, necessariamente, a presença de doença.

Perfil Ideal do Indivíduo Saudável

As pesquisas científicas no campo da saúde, particularmente em medicina, procuram estabelecer a *unidade dentro da variedade* e, assim, indicar o paradigma, ou seja, o perfil ideal do indivíduo teoricamente com saúde. Ele deve ser o representante da população dos sadios. Para estudá-la, como não se podem registrar todos os valores de seus integrantes, utiliza-se uma amostra representativa do universo para o qual se pretende generalizar os resultados. No caso em apreço, definindo o normal como a média aritmética dos valores obtidos, dará uma idéia do conjunto.

Compreende-se, assim, o quanto é difícil, como já foi dito, estabelecer o que seja normal em medicina. Vê-se que seu conceito depende essencialmente da estatística, pois está apoiado diretamente na probabilidade, no fato de identificar o mais encontrado ou o mais representativo daquele universo. O estabelecimento dos valores a serem convencionados como "normais" obedece primeiro a um requisito: saber se aquele resultado, além das alterações decorrentes da idade, do sexo, do grupo étnico, também se altera na ocorrência de doença.

Para que o médico possa interpretar adequadamente o significado de um resultado de exame, deve ter sempre em mente que é importante saber a amplitude em que os valores aparecem por obra do acaso, o grau de influência dos fatores gerais da variação, já referidos e se a doença os altera. Esse é o motivo pelo qual muitos resultados de exames laboratoriais são apresentados ao lado de tabelas indicando o chamado *valor de referência* para sexo e idade. Só o médico, por ter conhecimento técnico para fazer o diagnóstico e estabelecer condutas, tem condição de interpretar o resultado de cada exame. Resultados discrepantes dos dados do exame clínico devem ser desconsiderados, pois a *clínica é soberana.*

Toda essa dificuldade para se conceituar o que seja normal em medicina mostra como não é fácil afirmar que o indivíduo goza de perfeita saúde, pois ela não é só a ausência de doença mas, muito mais, pleno bem-estar do indivíduo além da comprovação da inexistência de doença oculta ou silenciosa. Os clínicos e cirurgiões compartilham as dificuldades na busca da cura, que corresponde à volta ao *normal.* O cirurgião, entretanto, enfrenta problema maior, pois cabe a ele corrigir, com as mãos, as alterações decorrentes das doenças.

Para o doente, *normal* corresponde ao desaparecimento dos sintomas, situação muito mais valorizada logo após a cura, quando, então, ele toma consciência da importância da saúde. Nesse momento, a seus olhos, a seqüela da doença se reveste de grande significado, tornando-se preocupante e as decorrentes do tratamento, chamadas iatrogênicas, parecem-lhe muito maiores, sendo as subseqüentes às operações cirúrgicas ainda menos suportadas. Neste ponto, dependendo do grau de aceitação por parte do paciente, o inconformismo tende a gerar problemas. Por isso, o prévio preparo psicológico do paciente pelo médico é muito importante. Em todos os casos, o paciente deve ter consciência de que a cura ou a manutenção da saúde não é responsabilidade apenas do médico, mas também, e muito mais, dele mesmo. Sua participação depende exclusivamente de seu livre-arbítrio. Cabe-lhe colaborar com empenho, mudar de hábitos, remover e controlar os fatores que estão pondo em perigo sua saúde. É mister que tudo ocorra para que, no futuro, não venha a se lamentar dizendo: tinha saúde e não sabia!

Essa digressão foi útil para colocar em destaque a dificuldade que se tem para definir certos "termos" e "expressões". Farei considerações sobre o tema partindo do conceito de saúde como o bem maior que permite usufruir todos os demais.

Conceito de Qualidade de Vida

Ter consciência de dispor de qualidade de vida é muito individual e até mesmo mais difícil do que dar valor adequado à própria saúde. Cada um só aceitará como boa para si próprio a seu critério pessoal. Nesse ponto está a grande dificuldade em se dar uma definição abrangente pois, não satisfazendo todos os anseios de cada indivíduo, sempre será incompleta.

Utilizar dado indicando seu valor de "referência", para evitar o uso de "normal", nos resultados de exames laboratoriais, em que o valor é apresentado com a tabela de referência para idade, sexo, grupo étnico e tipo constitucional, também não satisfaz plenamente. Um exemplo claro: o uniforme do exército é igual para os militares, todos usam coturno preto, mas o número varia com o tamanho do pé de cada um.

A qualidade de vida não pode ser avaliada apenas pelo que o indivíduo sente, pois ele pode estar destruindo sua saúde e sequer estar percebendo. Ele poderá afastar todos os fatores que põem em risco a saúde e controlar com rigor e corretamente aqueles possíveis de serem controlados que, deixados ao acaso, poderão aumentar o risco de perder a saúde (diabetes, hipertensão arterial, obesidade, sedentarismo). Tratando esses problemas o indivíduo volta ao universo daqueles que gozam plena saúde.

Para garantir a qualidade de vida cada um deve observar, desde a juventude, cinco princípios: não estragar a saúde, controlar os riscos possíveis, dominar seu temperamento, cultivar permanentemente a motivação e manter sempre seu bom-humor.

Não Estrague sua Saúde

Afaste totalmente o fumo e as drogas, restrinja-se a beber apenar socialmente. Quem fuma durante um ano terá suas conseqüências repelidas somente depois de dez anos de abstinência total; fumando dez anos serão necessários cem anos para ter certeza de que não terá câncer como conseqüência. Assim, não haverá tempo suficiente para reconquistar a saúde que foi perdida!

Controle os Possíveis Perigos

Fazer "*check-up* médico" periódico é fundamental para alinhamento correto de seus hábitos e surpreender possíveis doenças ocultas. Acredito que, nos próximos 20 anos, o "mapeamento genético" fará parte do *check-up* para saber que doenças o destino já programou e se ainda há tempo de corrigi-las geneticamente.

Domine seu Temperamento

Domine ânimo, arrogância, orgulho e soberba; estimule a humildade e respeite o próximo. Essa maneira de ser depende muito de uma decisão pessoal de assim proceder.

Cultive a Motivação

A capacidade de sempre estar profundamente interessado em alguma coisa e procurar, obstinadamente, realizá-la gera uma profunda alegria de viver. É fator estimulante para uma vida participativa e profícua.

Mantenha seu Bom-humor

Procure, em tudo, ver a mais agradável vertente dos fatos. Essa tenacidade é o melhor método para exercitar a conquista do bom-humor permanente. No entendimento popular, é saber "tirar o suco do limão."

Saúde e sabedoria se completam para dar a qualidade de vida do ser humano.

Em que pese todas as dificuldades apontadas, outras próprias de cada indivíduo que as sinta como essencial, qualidade de vida pode ser definida a partir do que a OMS estabelece para conceituar saúde, acrescida da consciência individual desse privilégio. Assim, "qualidade de vida é o bem-estar físico, mental, social e emocional" que produz alegria de viver.

Talvez seja possível encontrar similaridade de qualidade de vida com *felicidade*, ou seja, *estado de perfeita satisfação íntima*. Nesta seqüência evolutiva das idéias pode-se definir que *qualidade de vida é a consciência do estado de perfeita satisfação íntima*.

As considerações últimas exigem uma inferência final para que a generalização seja adequada, dando igualdade de sentimentos a todos e que, em suas limitações, sintam-se bem, vendo nas dificuldades de qualquer natureza mais do que um problema limitante, um desafio acompanhado de habilidade para superá-lo, encontrando na vitória suficiente força para gerar alegria de viver; que as restrições irremovíveis dêem generosidade a suas mentes, para ainda assim serem tolerantes e entenderem as dimensões pequenas daqueles que, não tendo tais problemas, não conseguem ter grandeza na alma.

Os princípios relacionados anteriormente, embora sejam em alguns pontos coincidentes com os da doutrina da gerocultura (ver Capítulo 24), pois não são mutuamente excludentes, não enfraquecem e sim reforçam a metodologia adotada para atingir o objetivo maior: garantir a qualidade de vida do indivíduo saudável física e mentalmente.

Parte V

Certezas

Capítulo 14

Fatos Comprovados

As células do organismo humano estão em permanente reprodução; algumas com maior velocidade, como as do sangue, com um dia de vida; outras, como as da pele, vão permanentemente se esfoliando, o que leva à troca completa a cada cinco anos e, finalmente, os neurônios e fibras musculares, que são finitos, não se renovam. O número delas já está definido ao nascer e uma vez lesadas, morrem, não há regeneração. As células musculares crescem em tamanho, mas não em número, há hipertrofia, não hiperplasia. A reparação da lesão ocorre por cicatrização à custa do crescimento do conjuntivo circunjacente, que envolve a fibra muscular. O mesmo se dá com os neurônios não regenerandos, que cicatrizam à custa da glia.

Tais fatos deixam bem claro que a idade de cada indivíduo é, na verdade, a das células mais antigas, que não se renovaram. É muito interessante lembrar que, desde 1996, três grupos de pesquisadores – de Gênova, Basiléia e Ribeirão Preto (USP) – estão estudando experimentalmente a terapia celular em lesões isquêmicas do cérebro (AVC), com resultados promissores (Revista Pesquisa Fapesp, julho de 2003).

Tenho observado que pacientes com arteriosclerose obliterante padecendo muito e com perspectivas de dias piores apresentam grande estresse. A prática da ioga beneficiou-os significativamente. Aqueles com limitação progressiva da marcha chegam a tornar estável o quadro clínico e, aos poucos, ampliam sua autonomia ao dobro. Outros, depois de controlados os demais fatores de risco da arteriosclerose, têm o quadro clínico estável e aumento lento e progressivo da autonomia, mas todas passam a ter melhor domínio sobre seus problemas racionalizando o sofrimento e conseguindo lutar a seu favor resgatando a auto-estima.

Em pacientes politraumatizados, cuja imobilidade no leito produz atrofia muscular e perigo de complicações pulmonares e de trombose venosa, os exercícios respiratórios e os alongamentos garantiram a capacidade vital e impediram complicações; os exercícios lentos com resistência mantiveram a força muscular dos membros imobilizados.

Relação Corpo-mente

Este depoimento é para valorizar a palavra do PROF. MARCOS ROJO RODRIGUES transcrita a seguir, que ensinou e treinou os pacientes citados. Em www.culturaesaude.med.br encontramos: "O benefício da técnica da ioga está na relação corpo-mente, onde as emoções interferem ativamente: mais do que alongar determinado grupo muscular, o objetivo é agir no tônus geral. As posturas da ioga 'asanas' têm como base o alongamento em condição de relaxamento, durante e depois de sua execução. Caracteriza-se pela permanência em condições de conforto e estabilidade. Atitude mental bem como sensações são determinantes para que se consiga o máximo de benefício com o mínimo esforço possível. O efeito da técnica localiza-se onde houver alongamento. Podem ser feitos após exercícios respiratórios adaptados. A modificação de ritmo respiratório e a utilização de técnicas de relaxamento não exigem posição especifica, é imprescindível estar consciente. Todo o objetivo da ioga se resume na *meditação* que é o aprofundamento da condição de relaxamento. Para se manter consciente basta estar sentado, evitando o sono na tentativa de diminuir ao máximo os estímulos, como observador passivo, indiferente aos pensamentos. É 'relaxamento de pensamento e dos sentimentos', 'estado hipometabólico sem sono'. Reduzindo estímulos, o corpo pode descansar e se recuperar das tensões. A ioga procura dar ao indivíduo autonomia para suas necessidades diárias."

Em recente entrevista à imprensa, o presidente ÁLVARO URIBE, da Colômbia – país em guerra – cujo pai foi assassinado pela guerrilha e que já sofreu quinze atentados, indagado como faz para controlar a tensão, respondeu: "Faço ioga e meditação diariamente para controlar a tensão e ordenar o espírito. Enfim, para controlar os nervos. Também faço muitas orações e pratico muito esporte. Ando de bicicleta, faço *spinning*, ando a cavalo e nado. Pratico esporte cinco vezes por semana. Acordo muito cedo, exercito-me ainda de madrugada" (Veja, 16/07/2003).

Diante do exposto, pode-se afirmar que o controle do estresse contribui significativamente para garantir a qualidade de vida do ser humano.

Esses elementos também ressaltam que no âmago da questão há uma associação nítida do controle da mente pela meditação e pela atividade física. Ambas, muito mais que se somarem, se potencializam.

Parte VI

Antes de Envelhecer

Capítulo 15

Preocupações

A Universidade de São Paulo também está atenta para esse tema e, em 1975, o Prof. A. Boaventura da Silva instituiu, no Centro de Prática Esportiva da USP, um Curso de Ginástica para Executivos, que se mantém regularmente até hoje, graças à dedicação do Prof. Paulo Prouvot.

Em 1978, foi publicado o livro, que teve grande aceitação, *Envelhecer sem Esmorecer*, do Prof. A. C. Pacheco e Silva (Melhoramentos e Editora da Universidade São Paulo).

Em 1979, o Prof. Luiz V. Décourt organizou um Curso de Extensão Universitária sobre Aspectos Fisiopatológicos, Clínicos e Médico-sociais do Envelhecimento.

Na Revista Pesquisa Fapesp, de julho de 2003, Carlos Fioravanti apresenta trabalho de fisiologia experimental em ratos desnutridos, de Luiz Fernando Bicudo Pereira Costa Rosa, do ICB-Instituto de Ciências Biomédicas da USP, no qual revela que o exercício físico amplia a resposta a vacinas, por fazer bem ao coração.

No mesmo documento, aparece o trabalho "As células de mil faces", em que Júlio César Voltarelli apresenta resultados promissores com transplantes de células-tronco no tratamento de doenças auto-imunes e de lesões isquêmicas cerebrais.

O governo brasileiro já promulgou Estatuto do Idoso, tendo em foco alguns itens:

- Fixação da faixa etária de 60 anos para um cidadão ser considerado idoso.

- Fornecimento gratuito de medicamentos, próteses, órteses, óculos etc.
- Desconto de 50% em ingressos para eventos artísticos, esportivos, culturais e de lazer.
- Concessão de um salário mínimo mensal para idosos acima de 65 anos sem recursos.
- Gratuidade nos transportes coletivos.
- Preferência na tramitação de processos judiciais.
- Tornar crime inafiançável o preconceito contra idosos.

As instituições internacionais cuidam do problema, com vistas ao futuro. É o caso da OMS – ORGANIZAÇÃO MUNDIAL DA SAÚDE, que tem a atenção voltada para a matéria por meio do ESTUDO INTERNACIONAL DOS PROBLEMAS DO IDOSO, com envolvimento do INTITUTO HENRY DUNANT, da CRUZ VERMELHA INTERNACIONAL. Pessoalmente, tive a oportunidade de coordenar a equipe brasileira que, pelo INSTITUTO SANDOZ, da Suíça, participou desse programa.

CAPÍTULO **16**

Postura dos Médicos

A partir de 1988 despertou, na comunidade médica americana, um grande interesse pela obtenção do título de especialista em geriatria (WILLIAM B. ABRAMS e ROBERT BERKOW). Esses autores chamam a atenção para o fato de que certos processos fisiológicos diminuem com a idade (por exemplo, fluxo sangüíneo renal, taxa de filtração glomerular, freqüência cardíaca máxima, débito cardíaco com exercício, tolerância à glicose, imunidade celular); entretanto, outros permanecem inalterados, como funções hepáticas e capacidade pulmonar. A secreção de ADH – hormônio antidiurético – e as respostas a estímulos osmolares aumentam com o progredir da idade, levando o idoso a urinar menos. Outro alerta é sobre as manifestações das doenças nos idosos, que são diferentes em comparação àquelas em pacientes jovens. É o caso do hipertireoidismo, que pode estar oculto de processos abdominais, como apendicectomia aguda, que pode ficar mascarada por falta da sintomatologia clássica. Desidratação pode desencadear confusão mental. Na mesma publicação, porém, outros autores, como GENO J. MERLI e HOWARD H. WEITZ, lembram que o diagnóstico das urgências em pessoas idosas fica prejudicado em decorrência das respostas alteradas ao estresse da doença e dos problemas ambientais coexistentes.

Experiências laboratoriais relatadas em *APORTE CALÓRICO E ENVELHECIMENTO*, publicado por DRAUZIO VARELLA no JORNAL DO MÉDICO, chamam a atenção para três pontos:

1) restrição calórica é a única estratégia capaz de aumentar a longevidade dos mamíferos;

2) o número de calorias ingeridas, não o grau de adiposidade, é o fator-chave para prolongar a vida. Gordo ou magro, não importa, a longevidade só depende do número de calorias absorvidas diariamente;
3) a duração da vida média depende de condições do meio, ao passo que o aumento da longevidade só ocorre se houver retardo no envelhecimento.

A experiência adquirida em bolsa, pós-doutorado, oferecida pela FUNDAÇÃO ALEXANDER VON HUMBOLDT, na Alemanha, à PROFª DRª MARISA CAMPOS MORAES AMATO, livre-docente do INCOR e ao PROF. DR. SALVADOR JOSÉ DE TOLEDO ARRUDA AMATO, titular da Faculdade de Medicina da UNISA – UNIVERSIDADE DE SANTO AMARO, levou-os a publicar o livro *ESTILO DE VIDA*, já em 5ª edição, pela Editora Roca. Em linguagem escorreita, simples, clara, precisa e concisa, o leitor que tiver preocupação em se cuidar pode ter idéia de seu conteúdo pela simples leitura dos temas tratados: Fatores de risco da aterosclerose; Pressão alta; Diabetes; Colesterol bom e ruim + triglicérides; Estresse; Abandonar o cigarro; Obesidade; Comer bem e viver melhor; Sedentarismo *versus* atividade física; Câimbra; Higiene do atleta; Melhorando a postura; Alguns temas da medicina (prolapso da valva mitral, próstata, saiba o que é câncer); Perigo dos medicamentos (anticoagulação, reposição hormonal na mulher, andropausa, cuidado com as cápsulas, anabolizantes, drogas e suplementos no esporte, dependência e uso abusivo de drogas, automedicação); Primeiros socorros, parada cardiorrespiratória e vários outros.

A vivência da medicina, em hospital de grande porte e do primeiro mundo, motivou-os a montar a clínica CHECK-UP MED com o objetivo de fazer medicina preventiva no sentido holístico da palavra, para avaliar as condições clínicas dos indivíduos e, assim, conscientizá-los das armadilhas que a natureza prepara desde o início da vida e que, se desarmadas precocemente, podem garantir um futuro melhor. O aspecto social desse enfoque pode ser avaliado na publicação feita na REVISTA PROBLEMAS BRASILEIROS (nov./dez. 1997: 32-33), da FEDERAÇÃO DO COMÉRCIO DO ESTADO DE SÃO PAULO, que apresenta o resultado de pesquisa feita como estudo estatístico de onze mil questionários respondidos por comerciantes e pessoas ligadas ao comércio e serviços. Destaco alguns fragmentos de seu artigo: "O objetivo era descobrir o risco de cada indivíduo sofrer um acidente cardiovascular. As quarenta perguntas referiam-se aos hábitos dos indivíduos, com idade média de quarenta e dois anos, em relação a atividade física, tabagismo, alimentação, tipo de trabalho, férias, relacionamentos e dados pessoais como peso, idade e histórico familiar. As questões permitiram levantar um perfil de cada participante, fornecendo-lhe uma informação de grande utilidade: o percentual de risco que corria de se tornar vítima da arteriosclerose. O resultado médio para esse grupo de pessoas (68% eram do sexo masculino) indicou uma estimativa de risco de 35,44%. Um percentual que poderia ser reduzido para 4,54%, já que 18,18% eram riscos que poderiam ser removidos e, 12,72%, controlados. Os maiores esforços, porém, devem se concentrar nos fatores removíveis, a começar pelo abandono do cigarro. Atualmente morrem, por ano, três milhões de fumantes no mundo. No Brasil são cerca de cem mil, quinze mil somente no estado de São Paulo, números eloqüentes. Não há dúvida de que o fumo diminui o tempo de vida. A estatística prova que a mortalidade entre os fumantes em geral chega a ser duas vezes maior do que entre os não fumantes. E em todos esse casos há uma grande incidência de morte súbita. Mas não basta abandonar o cigarro, é preciso também praticar exercícios. A atividade física é responsável pela ativação da circulação sangüínea, propiciando uma freqüência cardíaca mais adequada a cada momento do dia – mais alta durante o trabalho e mais baixa durante o repouso. É o condicionamento físico, que deve ser mantido com a prática de uma atividade física com regularidade, intensidade e duração adequadas. Quanto aos hábitos alimentares, o pior inimigo é o colesterol. Presente nos pratos mais comuns. A recomendação é equilibrar a alimentação, mantendo padrões saudáveis. O estilo de vida atual é o maior responsável pelos riscos de acidentes cardiovasculares que a população enfrenta. Mas o perigo se reduz substancialmente, quando esses riscos são detectados e combatidos. Cuidar de si mesmo é a melhor receita para ter uma longa vida sadia".

Experiência Clínica

Estágio que a FUNDAÇÃO ALEXANDRE VON HUMBOLDT me propiciou na Alemanha possibilitou-me observar que lá os casos extremamente graves de arteriosclerose estão ocorrendo em indivíduos cada vez mais idosos, valorizando a eficácia da medicina preventiva daquele país. Outro fato, muito significativo também, foi o de que nas grandes oclusões arteriais o colega alemão, rotineiramente, vendo a extensão da obstrução vascular durante o ato cirúrgico, estimava o número de cigarros que o paciente fumava por dia. A síndrome de Leriche com oclusão completa da bifurcação aórtica era de quem fumasse 40 a 60 cigarros ao dia! Sou testemunha... sempre acertava!

Linha de Pesquisa

Partindo de o organismo humano dispor de um *modelo especial de envelhecimento rápido – o cordão umbilical,* pois, em sete dias, nasce, amadurece e morre, estimulei minha equipe de cirurgiões vasculares a estudá-lo, sugerindo que incluíssem nessa pesquisa um grupo constituído de cordões de crianças gestadas por mães diabéticas que faziam rigoroso controle da moléstia e outro em que sempre elas estavam descompensadas.

A primeira dificuldade foi padronizar o método de estudo. Chegou-se à necessidade de estudar histológica e ultra-estruturalmente. A padronização almejada foi conseguida pelo DR. FERNANDO CÉSAR FRANCO em *Quantificação da parede dos vasos umbilicais pela macro e microscopia* (1999), pesquisa que resultou em sua dissertação de mestrado do Curso de Pós-Graduação do Hospital Jaraguá, com a orientação do PROF. BRUNO KÖNIG JR., titular do INSTITUTO DE CIÊNCIAS BIOMÉDICAS DA UNIVERSIDADE DE SÃO PAULO.

Ter estabelecido essa linha de pesquisa há doze anos está sendo muito gratificante; senti que ali, no cordão umbilical, estava o modelo que a natureza nos dá para estudar o envelhecimento. Hoje, nos Estados Unidos, já se têm bancos de cordão umbilical para retirada de célula-tronco capaz de produzir qualquer tecido e sem os problemas éticos de se estar trabalhando com embrião humano.

Parte VII

ESTRATÉGIAS

Capítulo 17

Cientificidade da Medicina

No século XVII havia uma grande inquietação intelectual das grandes personalidades da França, Inglaterra e Itália, que se rebelavam da postura passiva diante da chamada "ciência empírica" fundamentada exclusivamente em opiniões como "Aristóteles disse..., o Papa estabeleceu..." Nada era comprovado. Nascia assim, nessa época, a idéia da necessidade de comprovação evidente das afirmações, das interpretações dos fenômenos e da verdade dos fatos.

Para ser verdade era preciso haver comprovação e que esta pudesse ser repetida por outros em condições semelhantes. Os médicos de hoje aceitam como verdade somente o que tem comprovada *cientificidade*; podemos admitir que nessa época, há trezentos anos, está sua raiz.

Num mundo de obscurantismo, que queimava SERVET por ter ousado abrir e observar um cadáver e que aprisionava GALILEU por afirmar que a terra girava em torno do sol, nasceu LEEUWENHOEK, em Delf, na Holanda, em 1632, filho de pai burguês, mas respeitável, por ser cervejeiro; o pai morreu cedo e a mãe não tinha dinheiro para sustentar sua educação. Os historiadores afirmam que graças a sua sólida ignorância não sabia falar latim e se limitava a ler a Bíblia, escrita em holandês prosaico. Fazendo trabalhos humildes, mas com obsessiva curiosidade de ver coisas menores a ponto de procurar os polidores de vidros, passou a polir suas próprias lentes, cada vez menores e sempre mais potentes. Visitava alquimistas, farmacêuticos e açougue onde adquiria olho de boi para examinar a lente – o cristalino, procurando nela algum ensinamento que o pudesse orientar em sua preocupação de ver melhor o menor.

Desse espírito especial de pesquisa obstinada com o objetivo claro de um campo obscuro, idealizou o microscópio. A entrada para o mundo da microscopia ocorreu com LEEUWENHOEK com sua invenção: o microscópio. Morreu aos 91 anos de idade. Este gênio, embora sem instrução, tinha grande motivação, pensamento obsessivo e objetivo. Não seria esse comportamento a lhe dar longevidade?

Hoje, a medicina está empenhada em procurar os fundamentos científicos para respaldar todos os conceitos e procedimentos técnicos que ela estabelece. Assim, apareceu a preocupação com a cientificidade de suas conquistas.

Essas considerações são para oferecer, ao leitor, subsídios que o levarão a fazer seu próprio juízo de valores e procurar a cientificidade nos conhecimentos de que dispomos e acompanhar, concordando ou não, o raciocínio que estou seguindo para chegar às inferências finais.

Capítulo 18

Como Descobrir a Causa das Doenças

Há cerca de mil doenças classificadas pelas entidades internacionais; destas, metade é de variação para complementar o diagnóstico. Da outra metade, de 25% se conhece a causa; das demais, não. Para essa contingência de saber pouco de muitas doenças, a medicina tem uma brilhante saída e o tempo tem mostrado êxito em tal estratégia. Dois métodos são bem divulgados e são de pleno domínio da comunidade médica, bem como de todos os que se interessem pelos problemas de saúde. O primeiro é o que estabelece o grupo de risco e, o segundo, o que identifica os fatores de risco. O tempo tem comprovado a eficiência de ambos, o que permite, enquanto não se descobre a etiologia, se cuide do paciente e se proteja a população.

Esse método foi adotado para a AIDS – síndrome da deficiência imunológica adquirida, para a qual foram definidos os *Grupos de Risco,* constituídos de início pelos homossexuais, depois pelos drogados, a seguir pelos politransfundidos, ou seja, que haviam tomado várias transfusões de sangue, como é o caso dos hemofílicos. Somente depois é que se identificou o agente etiológico e se comprovou a condição de ser moléstia sexualmente transmissível.

A medicina dispõe de uma inteligente estratégia para descobrir a causa das doenças e, enquanto não descobre, permite-lhe cuidar do paciente e ao mesmo tempo adquirir mais conhecimentos do problema para chegar à etiologia.

Na essência, essa tática consiste em reunir os pacientes acometidos do mal que se estuda por meio de fatores comuns pelos quais os doentes possam ser grupados. Tal procedimento fica mais fácil de ser encontrado em doenças infecciosas, porém nas degenerativas as coisas mudam, embora não fiquem mais difíceis, mas sim mais demoradas. Entretanto, vão se conseguindo encontrar os fatores de risco com clareza.

Perfil das Vítimas

O desconhecimento da causa da doença originou a preocupação de se definir o perfil de sua vítima. Preliminarmente, registra-se que ela é uma doença multifatorial, contudo o conhecimento minucioso da natureza de cada fator permite estimar seu real significado no contexto. Pode-se definir quais os fatores e assim estimar o grau de sua influência como predisponentes, desencadeantes, agravantes, minimizantes, lembrando que, para descobrir características específicas correlacionadas à arteriosclerose, é necessário valer-se dos estudos demográficos. A precisão desses estudos é difícil porque eles têm por base dados epidemiológicos, como se as populações estudadas ficassem aguardando a ocorrência da arteriosclerose sem nada fazer para evitá-la. Os estudos epidemiológicos das populações em seus ambientes naturais, acompanhadas por vários anos, têm identificado determinadas características das pessoas e do ambiente, além de certos hábitos que estão fortemente relacionados ao aparecimento da arteriosclerose. Estes são chamados "fatores de risco". É oportuno distinguir claramente o que sejam "perigo" e "risco". Assim, "perigo" é a iminência de um mal e, "risco", a probabilidade de sua ocorrência. Os epidemiologistas afirmam e comprovam que eles se potencializam. Assim, um paciente hipertenso com níveis de pressão mínima acima de 90mmHg e diabético mal controlado, se fumar, muda da população daqueles que têm mesma idade, sexo e grupo étnico para outra, não com probabilidade três vezes maior, mas sim nove vezes superior de apresentar complicações da arteriosclerose.

A sistematização desses fatores permite reuni-los em três grupos, considerando a possibilidade ou não de se poder afastá-los ou minimizá-los.

Irremovíveis

Constitucionais: idade, sexo, raça, biótipo e menopausa.

Genéticos: familial, grupo sangüíneo (A e AB), dislipidemia, personalidade A de comportamento.

Evitáveis

Hábitos: tabagismo, sedentarismo, contracepção hormonal.

Operações: vasectomia, histerectomia.

Controláveis

Doenças: hipertensão arterial, diabetes, obesidade, hiperlipidemia, hiperuricemia.

Circunstâncias: estresse.

Preliminarmente serão estudados os fatores irremovíveis, por serem inerentes aos indivíduos e sobre os quais nada se tem a fazer a não ser, quem sabe, no futuro, considerando perspectivas abertas pela engenharia genética, a prevenção antes do nascimento. A seguir serão tratados todos os fatores removíveis e, finalmente, os controláveis.

Idade

Há correlação direta entre arteriosclerose e idade, a ponto que se possa afirmar ser essa doença o substrato da senescência. Ela aumenta com o tempo e é inexorável.

Sexo

O homem tem, no início da vida, cinco vezes mais arteriosclerose do que a mulher; entretanto, nas últimas décadas, há uma convergência na incidência.

Grupo Étnico

É sabido que o homem branco têm mais arteriosclerose que os demais. Espera-se que os japoneses entrem, nas próximas duas ou três décadas, com expectativa de vida superior a 100 anos.

Biótipo

Quanto ao tipo constitucional, não há estudos que indiquem prevalência em nenhum deles, contudo se pode pensar que os longilíneos sejam mais propensos a ter a doença do que os brevilíneos, uma vez que, teoricamente, eles devem ter a superfície arterial interna maior, bem como a presença de turbilhões também deve ser relativamente mais intensa.

Menopausa

Considerando a curva de freqüência da arteriosclerose na mulher tender a convergir para a do homem depois da menopausa, acredita-se em sua participação nesse fato.

Genética

Entre os aspectos genéticos ressalte-se que há famílias inteiras com propensão a acidentes vasculares cerebrais, infartos do miocárdio, *angina pectoris* e gangrena. Ainda entre esses fatores podem ser lembradas as personalidades do tipo A de comportamento, indivíduos dos tipos sangüíneos A e AB e pacientes com dislipidemias aterogênicas geneticamente determinadas.

Os fatores seguintes baseiam-se em hábitos de vida sobre os quais se pode atuar de maneira radical:

Tabagismo

É o principal fator do aparecimento da arteriosclerose. Fumantes masculinos são 1,6 vez mais propensos à arteriosclerose. O risco é diretamente proporcional ao número de cigarros fumados por dia. Risco excessivo nos não-fumantes perdura um ano e tende a efeitos residuais.

Sedentarismo

Está associado a outros fatores com intensa interdependência: obesidade, diabetes, hipertensão arterial e hipercolesterolemia. A evidência do efeito benéfico do exercício físico evitando o desenvolvimento de arteriosclerose está se acumulando gradualmente. É, porém, fundamental que ele seja feito com regularidade, intensidade e duração adequadas para trazer real benefício.

Contracepção Hormonal

Está sobejamente registrado na literatura que as mulheres usuárias de anticoncepcionais hormonais por longos períodos passam a integrar uma população de maior risco de apresentar episódios isquêmicos. Estima-se que essa probabilidade passa a ser equivalente à do homem da mesma idade em iguais condições quanto aos outros fatores.

Vasectomia

Trabalhos experimentais recentes em duas espécies de macacos mostraram que as artérias dos animais vasectomizados desenvolveram aterosclerose mais intensa do que aqueles não vasectomizados. Este efeito parece ser independente do nível plasmático de lipídios e foi postulado como sendo um mecanismo responsável pelo dano endotelial produzido por anticorpos circulantes antiantígenos espermáticos. Porém, estudos em homens vasectomizados parecem não confirmar qualquer aumento da incidência de arteriosclerose em comparação com homens não vasectomizados.

A seguir os fatores sobre os quais se pode atuar parcialmente, com controle naturalmente menor:

Hipertensão Arterial

A curva de risco da morbidade apresenta correlação direta com os níveis da pressão arterial. A pressão arterial elevada age na parede da artéria, abrindo os "poros largos" que facilitam a penetração dos lipídios, impelindo-os para dentro.

Diabetes Mellitus

Uma vez estabelecido, é reconhecido como precursor da doença vascular obstrutiva, sendo que suas complicações ocorrem predominantemente ao nível das estruturas irrigadas por arteríolas; responsável, pelo chamado "pé diabético" na gangrena úmida.

Obesidade

A obesidade pode ter um contingente genético e está ligada ao sedentarismo.

Colesterol

A associação entre níveis plasmáticos de colesterol e arteriosclerose é inequívoca. Sabe-se que a população com alimentação rica em ácidos graxos insaturados apresenta incidência significativamente menor de arteriosclerose do que o mesmo grupo étnico com hábitos alimentares ricos em colesterol.

Em contrapartida, numa população saudável, o risco de arteriosclerose é diretamente relacionado à concentração do colesterol no plasma, sendo maior nos mais jovens. Um dos resultados mais importantes de estudos é a demonstração de que pacientes com os níveis de colesterol mais altos têm risco maior de desenvolver a doença, mas mesmo aqueles com níveis mais baixos não estão completamente imunes à ela.

Hiperuricemia

Apresenta discutível relação com a arteriosclerose.

Estresse

As tensões psíquicas têm sido aventadas como fator de risco pela liberação de catecolaminas, que agem lesando a túnica íntima. Entretanto, tal afirmativa não resiste à observação de que nos campos de concentração, onde o estresse era elevado, a incidência das complicações arterioscleróticas eram mínimas. Isso é explicado pela fome, que protege do infarto, como se observou por sua inexistência em campos de concentração.

Estado de Alerta

Resposta do organismo diante de ameaça. O cérebro emite ordens para modificar imediatamente a defesa. Ativa a descarga de adrenalina no sangue, quando há necessidade de respostas rápidas e de curta duração. O coração bate mais rápido, a respiração acelera, a pressão arterial sobe, as artérias dos músculos se dilatam, a pele empalidece e o indivíduo transpira. O sangue se desvia do cérebro, do coração e dos rins, prejudicando a irrigação destes órgãos em favor dos músculos. Tudo ocorre para aumentar a oxigenação das extremidades, possibilitando ao indivíduo fugir do perigo.

Carência Alimentar

Ela faz baixar a taxa de lipídios no sangue e, dessa forma, age como protetor arteriosclerótico.

Os trabalhos de JENKINS apresentaram revisões de evidência que sustentam os fatores de risco sociais e psicológicos para a arteriosclerose. Influência de condições socioeconômicas, ocupação, filiação religiosa, educação e estado civil foi amplamente estudada, mostrando resultados conflitantes.

Parte VIII

Doença da Idade

Capítulo 19

Artéria de Aquiles

Assim como Aquiles foi mortalmente ferido no calcanhar por uma flecha envenenada lançada por Páris, cognominado Alexandre, o ser humano tem seu ponto fraco nas artérias! O tempo é a flecha envenenada com que a natureza o atinge.

A estratégia de defesa nessa luta estabelece que primeiro há de se conhecer com minúcia o campo de batalha. Por isso, o estudo da artéria se impõe.

Arquitetura e Estrutura da Artéria

As artérias podem ser de duas naturezas: de condução e de distribuição do sangue. As primeiras são maiores e equivalem às grandes adutoras e as demais – as distribuidoras, são as da rede nutriente dos órgãos, membros ou estrutura. Aquelas são predominantemente elásticas, enquanto estas são musculares e responsáveis pelo controle vasoativo da circulação.

Convém distinguir aspectos de sua arquitetura e de sua estrutura. Elas apresentam três camadas denominadas túnicas íntima, média e adventícia. As túnicas íntima e adventícia estão separadas da média por duas lâminas de tecido elástico chamadas, respectivamente, *limitante elástica interna e limitante elástica externa.*

Túnica Íntima

A *túnica íntima* é formada por epitélio achatado – endotélio, apoiado na camada basal, a limitante elástica interna. A íntima é delgada e cons-

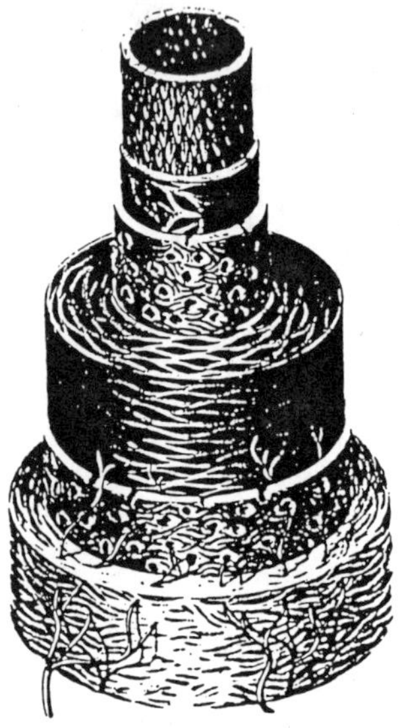

Figura 19.1 – Esquema representativo das túnicas arteriais mostrando a limitante elástica externa, separando a adventícia da média e a limitante elástica interna, separando a média e a íntima. Note-se a *vasa vasorum* irrigando a adventícia e parte da túnica média.

tituída de endotélio, membrana basal, algumas células miointimais de músculo liso, poucas fibras colágenas, elásticas, além de raras células mononucleares originadas do sangue (HESS e STAUBLI, 1969). Nas emergências das ramificações aparecem coxins que, de certa forma, se comportam como local preferencial para a futura alteração patológica. Tais estruturas de células miointimais, para MCGILL, podem ser consideradas um achado patológico.

É de se ressaltar o fato da *vasa vasorum* nutrir apenas dois terços da parede arterial de maneira tal que o terço interno se nutre por embebição, o que sugere ter a parede, constitucionalmente, propensão para absorver os elementos do sangue. A presença de lipoproteínas nos linfáticos da parede arterial, descrita por SCOTT e HURLEY em 1970, evidencia a permeabilidade do endotélio para macromoléculas.

Endotélio

Os "poros largos" da íntima permitem a entrada de lipoproteínas no interior da parede arterial (STEIN e cols., 1973) e possibilitam inferir a influência do aumento da pressão sobre esses canais transversos (ESTERLY e GLAGOV, 1963).

O endotélio é estudado desde 1917; GERRITY e cols. observaram experimentalmente o controle da permeabilidade e uma delgada camada de carboidratos localizada no lado luminal das células dessa túnica em áreas propensas ao desenvolvimento de placas ateroscleróticas. Atualmente, essa camada vem sendo explorada à exaustão, pois ao que tudo indica é por meio de alterações em sua constituição que o ateroma tem oportunidade de se iniciar.

Substâncias que agem como relaxante muscular, como a prostaglandina, na ausência do endotélio causam ação inversa. Além disso, o fluxo das plaquetas com o intuito de interferir na "cicatrização" estimula todo o processo da formação do ateroma.

Túnica Média

A *túnica média* é constituída de fibras musculares integradas numa estrutura elástica, responsável pelo contingente ativo da artéria, transformando-a de simples tubos transportadores de sangue em elementos que participam ativamente da hemostase e, mais ainda, da homeostase. O contingente muscular da artéria é maior quanto mais distal ela for. A riqueza em elástico da aorta e de seus ramos faz com que sejam denominadas artérias elásticas, em contraposição às demais, chamadas musculares. Ela é formada por múltiplas células musculares lisas, geralmente reunindo duas células a uma membrana elástica constituindo a chamada "unidade lamelar". Esta "unidade lamelar" sintetiza colágeno, elastina e glicosaminoglicano, que reagem a certos estímulos. Tal fato levou WISSLER, em 1968, a chamá-la de "célula mesenquimal medial mal funcionante" e considerá-la a célula mais importante do processo de aterogênese. Não se esquecendo, entretanto, do monócito e das plaquetas da corrente sangüínea que aparecem na lesão ateromatosa.

Túnica Adventícia

A túnica adventícia, a mais externa, constituída de tecido conjuntivo, é toda perfurada pela *vasa vasorum* que a irriga e à lâmina elástica externa até o terço externo da túnica média.

CAPÍTULO 20

Arteriosclerose

Arteriosclerose é doença degenerativa, de causa desconhecida e com indiscutível correlação direta com a idade.

Arteriosclerose é doença com caráter insidioso, lento, porém progressivo e inexorável. Sua evolução natural tem duas tendências. A mais freqüente é para a *estenose*, podendo chegar até a *obstrução* completa da artéria, chamada *arteriosclerose obliterante*; e a outra para a *dilatação* denominada *aneurisma*, com eventual rotura, bem como também para o alongamento produzindo a chamada dolicoartéria. Neste livro será considerada tão somente a *arteriosclerose obliterante*, uma vez que atinge todos os indivíduos.

A diminuição progressiva da luz da artéria decorre da proliferação celular da camada basal da túnica íntima e evolução para a formação de *placa ateromatosa* com depósito de gordura, eventual calcificação e possível ulceração, que possibilita instalação da *trombose* e conseqüente obstrução total ou, ainda eventualmente, liberação de êmbolos com manifestação isquêmica em territórios por elas irrigados. A diminuição da luz arterial determina menor débito de sangue. Essa queda de fluxo causa deficiência de irrigação dos tecidos a jusante. Esse regime deficitário tem o nome de *isquemia*.

A isquemia tem manifestações variáveis na dependência da velocidade de instalação, da oclusão do vaso atingido, da circulação colateral preexistente e da neoformada, desencadeada pelo próprio estímulo isquêmico, devido ao baixo débito, acarretando a menor pressão no território irrigado, ou ainda decorrente de procedimentos, sejam medicamentosos ou cirúrgicos.

Estima-se que no Brasil a arteriosclerose seja anualmente responsável por quase um milhão de óbitos. No campo teórico é possível vaticinar que esses fatos tendem a se agravar. PHILIPS SHELBY, em *LA SANTÉ DEMAIN*, trabalho feito por encomenda da ORGANIZAÇÃO MUNDIAL DA SAÚDE, prevê que algumas doenças desaparecerão, muitas serão reduzidas e outras serão controladas. O câncer diminuirá graças às vacinas e ao diagnóstico precoce; as doenças hereditárias, pela manipulação genética; as doenças infecciosas serão controladas, as doenças venéreas serão combatidas pela educação sexual. Todos esses fatores de segurança de saúde tornarão a vida mais longa. O cidadão chegará à idade mais avançada. Todavia, quanto mais se protege o homem, mais se o conduz a uma vida sedentária com inatividade cada vez maior. As melhores possibilidades econômicas estimulam maior ingestão de alimento e o conforto o imobiliza. Ambos conduzem à obesidade, que tem como agravantes o fumo e o álcool. A vida mais longa, associada aos fatores referidos, propicia condições de maior incidência de arteriosclerose que, certamente, será acompanhada pela doença mental. As duas serão as doenças do futuro.

Aterosclerose e Ateromatose

É lesão degenerativa da artéria, caracterizada pelo espessamento de suas paredes com predominância de *placas de ateroma*. Trata-se de um tipo de arteriosclerose assim denominado por MARCHAND, em 1904, para dar ênfase à presença do ateroma, uma vez que nele está o substrato da doença. Ateroma provém do grego, em que *athére* significa papa e "oma" é sufixo para designar tumor. Dessa forma, o vocábulo indica degeneração das paredes das artérias, com saliências resultantes da infiltração de lipídios com possível calcificação. *Ateromatose* é, nesse contexto, o estado de degeneração das artérias caracterizada pela multiplicidade de ateromas que, na vida prática, causam os problemas clínicos, cuja manifestação sintomática decorre da predominância em artérias nutrientes das estruturas lesadas pela isquemia. O mapa de ateromatose apresentado na Figura 20.1 ilustra um exemplo do que ocorre nas artérias principais de distribuição em um homem branco, na quinta década de vida. A Figura 20.2 mostra a distribuição de ateromas no homem e na mulher ao longo da vida (após a menopausa, a mulher se iguala ao homem nessa doença).

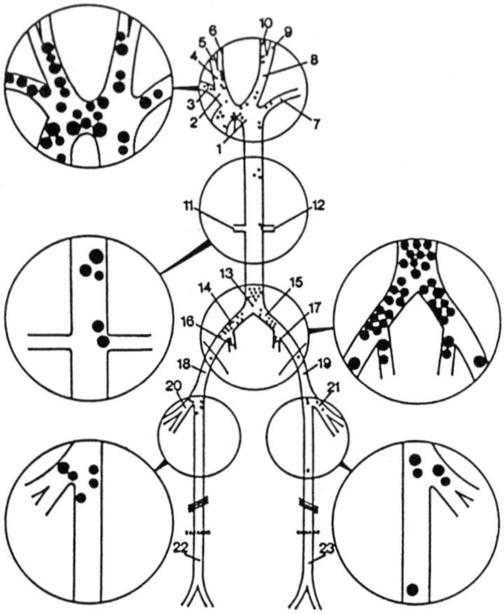

Figura 20.1 – Mapa de ateromatose. 1- Arco da aorta; 2- tronco anônimo; 3- artéria subclávia direita; 4- artéria carótida comum direita; 5- artéria carótida interna direita; 6- artéria carótida externa esquerda; 7- artéria subclávia esquerda; 8- artéria carótida comum esquerda; 9- artéria carótida interna esquerda; 10- artéria carótida externa esquerda; 11- artéria renal direita; 12- artéria renal esquerda; 13- bifurcação da artéria aorta; 14- artéria ilíaca direita; 15- artéria ilíaca esquerda; 16- artéria hipogástrica direita; 17- artéria hipográstrica esquerda 18- artéria femoral direita; 19- artéria femoral esquerda; 20- artéria femoral profunda direita; 21- artéria femoral profunda esquerda; 22- artéria poplítea direita; 23- artéria poplítea esquerda.

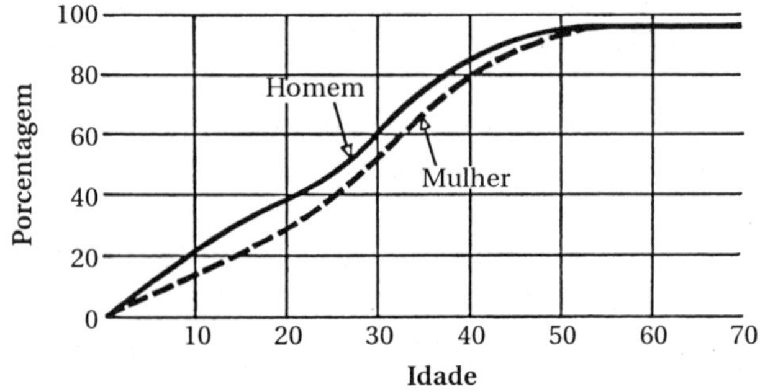

Figura 20.2 – Ateromatose humana. As curvas apresentadas mostram maior freqüência no homem (traço contínuo) do que na mulher (traço interrompido), mas que se superpõe após a menopausa.

A representação gráfica desse fato permite inferir que a mulher, apresentando menor incidência da ateromatose que o homem, estava protegida pelos hormônios; que, em decorrência da menopausa, perdeu tal privilégio e passou a ser também vítima da doença da idade, a arteriosclerose.

Arteriosclerose

Significa endurecimento ou espessamento e concomitante perda da elasticidade da artéria em decorrência da proliferação da camada basal (limitante elástica interna) da túnica íntima e subseqüente degeneração e formação do ateroma. O termo foi idealizado por LOBSTEIN, em 1832. No sentido amplo da expressão, ela pode ser classificada em: 1) aterosclerose que, por sua vez, pode ser central (aterosclerose propriamente dita, interessando as artérias coronárias) e aterosclerose obliterante periférica; 2) calcificação da túnica média, também chamada doença de Mönckeberg e 3) arteriosclerose visceral e cutânea.

Patogenia

A lesão arterial aparece de forma extremamente irregular e pode ser observada desde pouca idade. A literatura alemã faz referência a um caso de criança de 18 dias com lesão coronária e eu pessoalmente registrei o de uma jovem negra, de 16 anos, com oclusão de 80% da artéria ilíaca. Por outro lado, podem-se encontrar indivíduos idosos com artérias conservadas; porém todos acabam tendo arteriosclerose.

Estria lipídica ou gordurosa é a primeira lesão a aparecer e sobre a qual se discute o significado como lesão precursora da arteriosclerose (Fig. 20.3).

A íntima se espessa por aumento da gordura, presença de fibras colágenas e maior número de miócitos no conjunto constitui a lipidose da íntima, sendo seu espessamento chamado placa de lipídio, que evolui para placa de ateroma.

Essas lesões rompem a lâmina elástica interna prejudicando a nutrição dos miócitos da média, que são substituídos por fibras colágenas, instalando-se a fibrose. As camadas elásticas e os miócitos destruídos são substituídos por fibras colágenas.

Figura 20.3 – Fotografia da túnica íntima mostrando placa de lipídio; lesão prodrômica do ateroma.

Placa de Ateroma

Depois das fases proliferativa e degenerativa, vem a terceira fase de evolução natural das moléstias, caracterizada pelo depósito, nos referidos locais, de substâncias gordurosas como o colesterol e o triglicerídio. Assim, aparece o *ateroma*.

O *ateroma*, evoluindo naturalmente, tem, nos locais degenerados onde as gorduras se depositaram, tendência a calcificar, adquirindo consistência que lembra a do osso. O cálcio depositado representa cerca de um décimo do peso total do ateroma. Pondo de lado os *aneurismas* que, na maioria dos casos, também têm como causa a arteriosclerose, pelo enfraquecimento que produziu na parede da artéria, a isquemia é o resultado mais freqüente de manifestação da doença.

É, pois, a deposição de colesterol e seus ésteres em torno de colágeno, macrófagos, miócitos, reação inflamatória e, finalmente, deposição de cálcio. Vários fatores – lipoproteína, von Willebrand, macrófagos, plaquetas – fazem proliferar os miócitos da íntima. O fator de von Willebrand contribui para a formação do ateroma na fase fibrosa (tardia). Existem trabalhos em porcos com a doença de von Willebrand, na qual falta esse fator:

quando alimentados com dieta elevada em colesterol apresentam lesão com muito colesterol, mas sem a placa fibrosada. Nesse quadro aparecem as chamadas células espumosas, que nada mais são do que macrófagos plenos de gordura. Pode haver placa de lipídios transformando-se em placa de ateroma sem, entretanto, lesar tanto a média.

A moderna era da pesquisa da aterosclerose se iniciou com a demonstração de que o colesterol na placa humana deriva das lipoproteínas de baixa densidade (LDL) ou das lipoproteínas de densidade muito baixa (VLDL), que penetram na íntima e na média interna a partir da corrente sangüínea.

Partindo-se de que a manifestação anatomopatológica da doença é caracterizada pela presença da placa de ateroma, pode-se fundamentar sua evolução natural na do ateroma.

Um ateroma pode evoluir de várias maneiras:

- Crescendo lenta e progressivamente até ocluir o vaso por completo.
- Apresentando hemorragia e aumentando subitamente seu volume.
- Ulcerando-se e tornando-se foco de microembolias pela eliminação de fragmentos da placa ou de microtrombos aí formados.
- Pode ocorrer *restitutio ad integrum* (a placa sofre um processo de eliminação total seguida de cicatrização e recobrimento com endotélio, de maneira a reproduzir o aspecto da artéria normal. Esse fato é comprovado para a placa considerada unitariamente, porém, no conjunto, o processo é sempre progressivo).
- O ateroma no conjunto, ou seja, a ateromatose, enfraquece a parede, possibilitando instalar-se o aneurisma.

O fato de não se conseguir determinar a causa da doença gerou o aparecimento de teorias para explicá-la. Com o passar do tempo restaram duas:

Incrustração de Rokitansky – Estabelece como pré-requisito a lesão endotelial, sobre a qual há formação de trombose que, a seguir, é revestida de endotélio.

Insudação de Virchow – O fator preponderante da arteriosclerose é o aumento da passagem pelo endotélio, bem como o acúmulo de constituintes plasmáticos da luz da artéria, causando um tipo de edema inflamatório de baixa intensidade.

É difícil aceitar a existência de diferença entre um fato e outro, uma vez que, como foi apresentado pelo próprio VIRCHOW, a insudação é fisiológica e fica a dúvida de quando se transforma em processo patológico sem haver lesão do endotélio. Porém, havendo lesão, se cai na teoria de Rokitansky. Há de se convir que não é clara a diferença entre insudação e incrustração. Não há uma diferença substancial entre as duas teorias, mas a de ROKITANSKY parece a mais consistente. Entretanto, pode-se levar em conta que a incrustração atribui mais peso aos fatores ambientais que lesam o endotélio arterial. Muitos autores acreditam que esses trombos incrustrados formam a maior parte da placa em desenvolvimento. De acordo com essa hipótese, o lipídio no interior da placa é um produto mais ou menos passivo e secundário à presença do trombo, das plaquetas e dos leucócitos destruídos. A teoria de insudação, por outro lado, acomoda mais facilmente o papel dos níveis elevados das lipoproteínas séricas no carreamento do colesterol para o interior da parede arterial.

Colesterol

A teoria da insudação dá valor aos níveis de colesterol sérico na progressão das lesões ateroscleróticas. Essa elevação pode ser induzida de forma endógena como resultado de fatores genéticos ou por uma doença metabólica como nefrose “lipóide” e hipotireoidismo, ou pode ser produzida exogenamente pelos efeitos, a longo prazo, de uma dieta rica em gorduras e colesterol. Importante também é que o inverso desta relação parece ser igualmente verdadeiro, isto é, quando o colesterol sérico é mantido em um nível baixo no homem e na maioria das espécies de mamíferos, raramente se desenvolve aterosclerose. As evidências que apóiam tais correlações advêm de estudos epidemiológicos, geográficos e necroscópicos da evolução natural da placa. De fato, não foi identificada qualquer população na qual se desenvolva aterosclerose progressiva quando os níveis de colesterol sérico são baixos. As correlações também são apoiadas por estudos de experimentação animal e, mais recentemente, investigações de biologia celular e de patologia molecular. Os resultados reforçam-se mutuamente e proporcionam fortes evidências de que a classe mais significativa de substâncias que se acumulam na íntima arterial em quantidades excessivas durante a insudação compreende as lipoproteínas ricas em colesterol. Quando essas macromoléculas são derivadas do soro, que possui alto conteúdo de colesterol, o influxo tende a apoiar o eventual desenvolvimento de uma placa aterosclerótica progressiva.

Lesão Endotelial

A organização de trombos sobre placas é aceita como o mecanismo do seu crescimento. Não há evidências da incrustração para corroborar a organização do trombo arterial mural. Um extenso dano endotelial às artérias, subseqüente à cateterização com balão ou outras manipulações experimentais com destruição da íntima, não provoca o desenvolvimento de um trombo mural progressivo e não acarreta placa ateromatosa típica.

Adesividade Plaquetária

As plaquetas acumulam-se juntamente com fibrina, leucócitos e ocorre uma certa proliferação das células musculares lisas nessas condições.

Um conceito unificado de patogenia da aterosclerose propõe que a insudação de soro com lipoproteínas de baixa densidade ricas em colesterol seja um importante elemento na aterogênese e, na maioria das condições, seja o fator predominante no desenvolvimento das placas e admite importância da lesão endotelial na aceleração da aterogênese pela incrustração de plaquetas e monócitos que expõem as células musculares lisas a estímulos que desencadeiam proliferação celular.

O tabagismo e a hipertensão parecem atuar em nível celular, graças à disfunção endotelial que produzem.

Estudo Comparativo

O estudo das artérias dos animais traz contribuição para o melhor entendimento da doença no ser humano. Sabe-se que nas aves o ateroma tem, como no homem, grande acúmulo de colesterol. O fato é explicado porque elas têm pressão arterial e nível plasmático de colesterol elevados. Além disso, parece não haver diferença na prevalência da arteriosclerose entre as aves, seja qual for sua dieta: carne, peixe, grãos ou insetos.

No leão marinho e na foca não foram encontrados lipídio nas lesões e nem trombo mural. É interessante porque se pensa que a célula gordurosa é que dá o estímulo para a proliferação da célula espumosa.

Mamíferos como chimpanzé, macaco *squirel* e gado zebu apresentam sempre pequenas lesões não significativas. Suíno alimentado com dieta rica em colesterol só apresentou célula lipídica na lesão após dois meses de experiência. Nos primeiros três dias há proliferação e diferenciação da célula espumosa muscular. Assim, parece que o ponto de partida para estudar a arteriosclerose é o *controle da célula espumosa muscular,* que aparece antes do processo.

O espessamento da artéria dá a ela um endurecimento tal que levou LOBSTEIN, em 1832, a nomear a doença como *arteriosclerose.*

O predomínio dos ateromas em certos casos, e sempre nos indivíduos de idade mais avançada, levou MARCHAND, em 1904, a sugerir o termo *aterosclerose.*

Estenose e Obstrução

A diminuição da luz da artéria tomada pelo processo vai progressivamente *estenosando,* dificultando a passagem do sangue. Como a doença é generalizada mas não homogênea, em alguns locais, pela disposição anatômica, ela pode ser mais intensa do que em outros e, ao acaso, podem-se instalar, além de estenoses, também *obstruções* completas. Os sintomas e sinais que os doentes apresentam estão na dependência da intensidade da oclusão da artéria, na extensão que a lesão atinge e no órgão que ela nutre. Pode haver episódios agudos na evolução dessa doença que, embora progrida lentamente, é inexorável.

A manifestação clínica, dependendo do órgão afetado, será diferente e irá de simples fuga da memória até acidente vascular cerebral, ou infarto do miocárdio, ou mesmo gangrena de membros ou de qualquer estrutura da economia humana.

Capítulo 21

Quadro Clínico

Em 495 doentes do Hospital das Clínicas da Faculdade de Medicina da Universidade de São Paulo, estudei o quadro clínico das obstruções ateroscleróticas dos membros e observei nítida predominância no sexo masculino: dos 495, 345 (70%) eram homens e 150 (30%) eram mulheres. A idade em que mais apareceram as manifestações clínicas da doença situava-se nas 6ª e 7ª décadas; contudo, 20% dos pacientes tinham menos de 50 anos e o mais moço deles estava com 24 anos. Esta é afecção que acomete o homem em plena maturidade e, com freqüência, os torna inválidos na sua fase de vida mais útil à coletividade. Os negros e mestiços são atingidos em menor escala que os brancos.

A cronicidade da doença ressalta, pela análise dos dados referentes ao tempo de sintomas: cerca de metade dos doentes (48,8%) relatavam história datando de seis meses ou mais e somente 18,2% apresentaram sintomas recentes. Registrei, em cada caso, a queixa inicial e a que motivou a internação e as distribuí em seis grupos para acompanhar, pelas alterações da sintomatologia, a evolução clínica da moléstia numa tentativa de ajuizar a maneira de se instalar e de progredir.

Membros Inferiores

Grupo I – Pacientes com sintomas prodrômicos da doença. Todos pouco característicos, imprecisos e que só tiveram significado retroativamente, nas fases mais avançadas do processo. *Sensações frustras* como parestésicas ou hipertésicas, não muito incomodativas e que somente levaram à consulta os indivíduos diferenciados ou os extremamente preocupados com a saúde. Relataram o início da moléstia dessa maneira 38 (7,6%) doentes, mas apenas 2 (0,4%) deles procuraram o médico com essa queixa. Nesse mesmo grupo estão os que se queixavam de *alterações de cor* e de *temperatura* das extremidades, sempre relacionadas com o frio. Embora 26 (5,2%) doentes as referissem como sintomas iniciais, somente 7 (1,4%) as julgaram suficientemente incomodativas para levá-los a procurar o hospital.

Grupo II – Aqueles com queixa de *claudicação intermitente*, descrita como constrição dolorosa na massa muscular, que os obrigava a parar após andar alguns metros. A simples interrupção da caminhada fazia desaparecer a dor em poucos minutos; em outros casos, a dor era mais demorada e exigia massagem dos músculos. A maioria dos pacientes acusava dor na panturrilha; em alguns a dor era em coxa e nádegas e, em outros, nos pés. A claudicação intermitente foi primeiro sintoma em 201 (40,6%) dos doentes, mas somente 51 (10,3%) procuraram o hospital por esse motivo (Fig. 21.1).

Grupo III – Doentes que se queixavam de *dor em repouso*. Tal sintoma aparece em graus avançados da moléstia e pode também ser a primeira

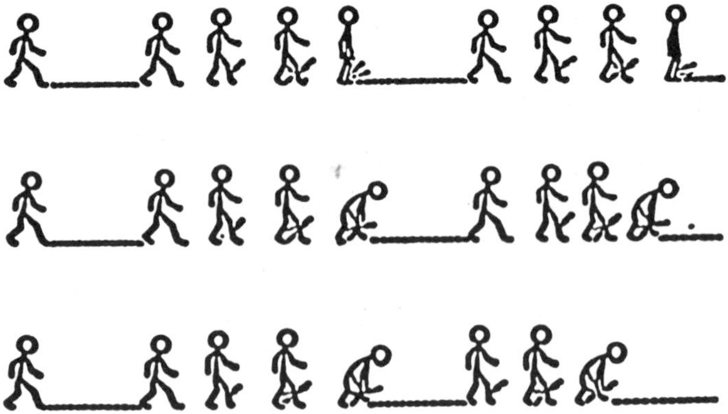

Figura 21.1 – Representação esquemática da claudicação intermitente. Na primeira linha, após andar algumas dezenas de metros, o paciente sente dor progressiva na massa muscular, que o leva a parar. Breve repouso permite nova caminhada de igual distância. Na segunda linha, a dor é de tal intensidade que o paciente precisa massagear a região dolorosa enquanto repousa para novo lance de caminhada, mais curto que o anterior. Na terceira linha, indicativa de fase evolutiva mais adiantada, além da dor ser mais intensa, resta certo contingente residual e a distância percorrida é ainda menor.

manifestação da isquemia. Ocorreu em 154 (31,1%) dos casos. Por essa causa, apresentaram-se ao hospital 139 (28,2%) doentes.

Grupo IV – Doentes portadores de lesões tróficas superficiais e limitadas, caracterizadas por *ulcerações de fundo negro*. Dos casos estudados, 28 (5,6%) tiveram esse início de sintomatologia e 66 (13,3%) foram levados ao hospital em virtude dessa queixa.

Grupo V – Doentes com *gangrena*. É de se notar que, embora somente 5 (1,0%) relatassem a gangrena como início de doença, 230 (46,4%) procuraram o hospital nesse estado, evidenciando, assim, o caráter crônico e mutilante da arteriosclerose obliterante.

É de se observar, também, a influência do nível social e intelectual dos pacientes que procuram os hospitais gerais; verifica-se, no conjunto, que mais da metade dos doentes (Grupos I, II e III) teve início insidioso, porém, a maioria deixa piorar o quadro clínico para ir à primeira consulta.

A dor pode se localizar em três níveis (Fig. 21.2): superior, médio e inferior. Nos membros inferiores, a dor é alta quando surge na cintura pélvica, nas regiões glúteas ou na raiz da coxa; média, quando atinge a panturrilha; inferior, quando se localiza no pé.

A simetria de sintomatologia com dor alta ocorre em entidade nosológica bem definida (Figura 21.3). Trata-se da síndrome de Leriche, acompanhada de impotência sexual no homem.

Para os membros inferiores, a deambulação em aclive exige maior esforço muscular e provoca dor após menor distância (Fig. 21.4). O fato de o paciente sentir imediato alívio ao parar torna a claudicação intermitente, praticamente patognomônica de obstrução arterial.

Figura 21.2 – Representação esquemática da localização da dor: alta (raiz da coxa e região glútea), média (panturrilha) e baixa (pé).

Figura 21.3 – Representação esquemática da localização da dor alta simétrica, acometendo ambas as raízes das coxas e regiões glúteas.

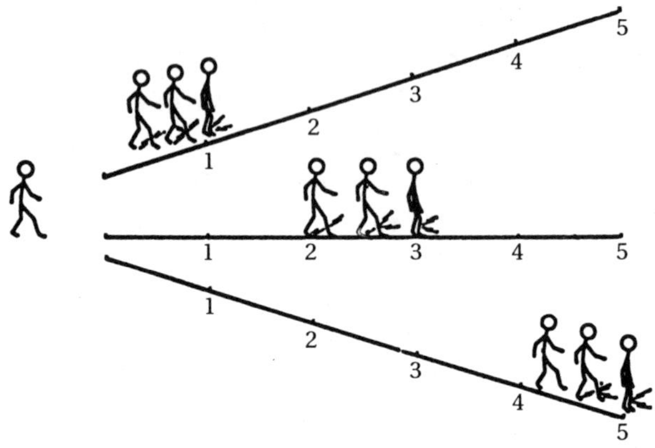

Figura 21.4 – Representação esquemática da influência da inclinação no terreno, mostrando que o aclive desencadeia precocemente a dor, diminuindo a distância útil em cerca de um terço em relação à horizontal, ao passo que o declive permitirá ao doente caminhada mais longa, sem dor.

O local predileto da obstrução foram as artérias dos membros inferiores (94%) sobre as dos superiores. A presença da lesão bilateral ocorreu em 25% dos casos. A maior freqüência (43,8%) foi no segmento femoropoplíteo. A obstrução aorto-ilíaca (síndrome de Leriche) foi diagnosticada em 2%.

Membros Superiores

Nos membros superiores, a dor é muito rara quando confrontada com os inferiores. A experiência mostra que a maior freqüência é em braços e antebraços, pouco comum nas mãos. É importante verificar se a dor é provocada pelo esforço, mormente se o membro ocupar posição que dificulte o afluxo de sangue, o que pode ocorrer quando se faz exercício muscular com os membros superiores elevados, como, por exemplo, os pintores, que trabalham com os braços para o alto.

Estudo Arteriográfico

A arteriografia mostra estenose das obstruções segmentares ou extensas. Podem ser encontradas, com freqüência, zonas de estreitamento alternando com dilatações que, em certos casos, se repetem em numerosos pontos da mesma artéria. A luz arterial, a montante dos segmentos obstruídos, apresenta-se antes aumentada que diminuída, adquirindo o vaso trajeto sinuoso. A circulação colateral quase sempre é exuberante e, muitas vezes, por intermédio dela, enche-se o tronco arterial principal, a jusante do segmento obstruído. A artéria femoral foi encontrada obstruída em 81% dos casos; a poplítea, em 5,5%; a ilíaca, em 4%; a aorta, em 2,5%; outras artérias em porcentagens menores, somando, todas, 7%.

Correlação Clínica

Confrontando os achados angiográficos com os clínicos, verifica-se a correspondência de lesões ateromatosas iniciais com sintomas discretos e de lesões progressivamente mais extensas com sintomas mais acentuados. A correspondência entre a sintomatologia clínica e os achados angiográficos foi se tornando cada vez mais evidente, de tal modo que, após um grande número de exames clínicos e angiográficos, foi possível, pelo quadro clínico, prever, com grande probabilidade, o que apareceria no quadro radiológico.

Nos pacientes estudados pesquisou-se diabetes, hipertensão arterial e hipercolesterolemia. Os dois primeiros estavam presentes em cerca de 20%, o que concorda com os achados de ALLEN, BARKER e HINES, enquanto a hipercolesterolemia foi encontrada em apenas 16%.

Parte IX

Melhor Remédio

Capítulo 22

Confissão

A medicina é ciência e arte, como duas faces de uma mesma moeda; a primeira fundamenta-se na anatomia, fisiologia e fisiopatologia; a segunda, na relação médico-paciente e no bom senso.

Há algum tempo, quando ainda existia segurança em São Paulo e os médicos podiam atender pacientes em suas residências, fui chamado por uma família de origem alemã, que morava em Santo Amaro. Ao chegar, deparei-me com um idoso com isquemia grave do membro inferior, abatido, sentindo intensas dores em repouso, sentado no leito, abraçando sua perna sofredora, flexionada e passando a mão lenta e suavemente sobre o pé frio e pálido. O prognóstico estava fechado pelo médico da família, que propôs amputação no nível da coxa, mas alertando a família de que o perigo de vida era iminente e o risco era muito grande. Após exame minucioso, reuni a família na sala, longe do paciente e perguntei: "o que os senhores esperam diante da situação?" Para uma breve reflexão e com a desculpa de lavar as mãos, deixei-os a sós. De volta, em silêncio, aguardei a resposta.

Uma das filhas tomou a palavra e disse: "meu pai irá completar 90 anos em exatamente um mês. Todos nós queremos comemorar a data. O primeiro bisneto vai nascer na próxima semana, ele próprio falou várias vezes que desejava muito conhecê-lo". A gangrena era iminente, o estado geral não era dos melhores. Muito fraco, desidratado, desnutrido e com aquela idade provecta! Eu, partilhando da dor dos que ali estavam, fiz minhas reflexões sobre as limitações da medicina e comecei a contar, a título de lenitivo, uma história.

Exercícios de Bürger

Lá pelos primeiros anos do século XX, exatamente em 1910, um médico alemão residente em Nova York idealizou uns exercícios para melhorar a circulação do pé. Esses exercícios deram tão bons resultados que passaram para a literatura com seu nome e até hoje são chamados "exercícios de Bürger" (Fig. 22.1). Todos os presentes quiseram imediatamente saber do que se tratava. Expliquei que, embora muito simples, eram difíceis de realizar com eficácia, pois exigiam o sacrifício de toda a família e muito tempo! Voz uníssona dos presentes: "queremos fazer". Assim, recomendei que, primeiro, fizessem uma lista de todos os que participariam do programa e qual o horário disponível de cada um. Imediatamente a relação dos voluntários estava pronta e, aos poucos, os horários disponíveis estavam sendo completados. Em seguida, forneci orientações complementares e prescrevi medicamentos, explicados, um a um; todos entenderam com clareza. Iniciei os exercícios e ensinei-os a cada um. Deixei-os fazendo os exercícios e já seguindo a escala. Periodicamente ia visitar o paciente e ele, lentamente, se alimentava sem restrições, nem reclamações; deixou de sentir dor e começou a melhorar.

O aniversário chegou, ele estava bem, alegre, encantado com a bisneta.

Ao pé do leito, falando bem baixinho, perguntei: "de todos os remédios que eu havia prescrito, em sua opinião, qual deles, foi mais eficiente?" Ele parou, pensou e começou se desculpando, "doutor o senhor me pede para dizer a verdade, é que eu tenho a certeza do que me curou, e não me fez desapontar a família, foi falar todos os dias e noites com todos os meus netos, meus filhos e saber o quanto eles gostam de mim! Ver minha bisneta trouxe muita alegria! Uma noite, ainda no começo do tratamento com o senhor, sonhei que a morte abrira a porta de meu quarto e num momento vi a família toda reunida e com todas as forças empurrando-a para fora de meu quarto. Acordei com a melhor das sensações, viveria mais. O amor que minha família me dedicou estava prorrogando meu tempo de vida. Sinto muita felicidade."

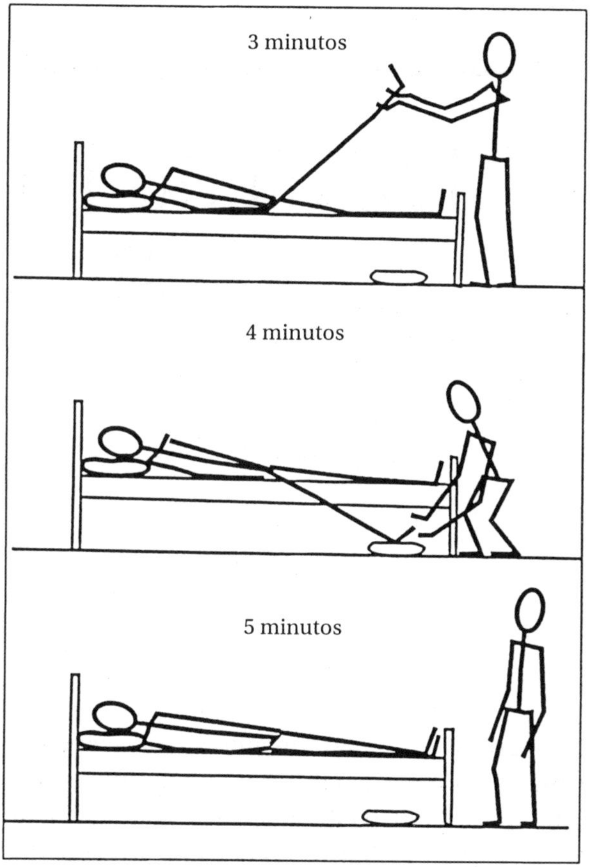

Figura 22.1 – Exercícios de Bürger – Seqüência de movimentos passivos que facilitam a drenagem venosa e o afluxo de sangue arterial em membros isquêmicos. *Técnica*: 1) paciente deitado na beira da cama; 2) elevar passivamente o membro inferior doente até 45° e manter essa posição durante 3min; 3) abaixar o membro até o chão, ao lado da cama, apoiando o pé sobre uma almofada, mantendo-o assim durante 4min; 4) retorno do membro à posição horizontal, na cama, ao lado do corpo, ficando 5min; e 5) repetir continuamente esses três movimentos. À noite, deixar o paciente dormir e descansar. Repeti-los dez vezes nas ocasiões em que acordar.

A última notícia que tive desse paciente é que a família já havia comemorado seus 91 anos e todos, filhos, netos e bisnetos continuavam a vê-lo diariamente.

CAPÍTULO 23

Dama do Balé Russo

... essa divina vaidade é o segredo da existência.
OSCAR WILDE

Uma senhora russa foi a meu consultório e a recepcionista, ao preencher o cabeçalho do prontuário médico, perguntou a data de seu nascimento. Aliás, maneira delicada para não ferir suscetibilidades. Achei que tivesse havido engano. A paciente aparentava bem menos de 60 anos e, na realidade, tinha 82! Falei que havia um erro na data.

Empertigada, objetou com altivez e firmeza: “é isso mesmo, essa é minha idade!”

Mostrei incredulidade. A paciente contou-me que desde os oito anos estava no balé russo, onde diariamente dançava 16 horas. Completou, “hoje não consigo mais isso... mas, também, não consigo parar, assim, danço somente 4 horas, todos os dias”.

Esse fato se deu quando nossa expectativa de vida era menor do que 60 anos e a dela, ao nascer, deveria ser de 40 anos, considerando que aquela consulta era para resolver problema puramente estético. Queria livrar-se das telangiectasias nas pernas, pois as achava muito feias! Fiquei perplexo e a indagar: não teria sido o exercício que lhe propiciou chegar a uma idade provecta e aparentar bem menos? E ainda gozando perfeita saúde, uma vez que seu problema, naquela oportunidade, era uma manifestação de vaidade, preocupada com seu visual? Isso revela auto-estima e lembra MATIAS AIRES, que dizia: "vaidade parece muito com amor-próprio".

Os fatores atividade física e auto-estima não teriam sido responsáveis pela longevidade e boa qualidade de vida?

Parte X

Doutrina

CAPÍTULO 24

Fundamentos Gerais da Gerocultura

Longevidade é conquista duvidosa; qualidade de vida é garantida.

A doutrina da gerocultura é constituída de seus fundamentos gerais. O conjunto de fatos e idéias apresentados bem como o cômputo geral das evidências numa operação intelectual passando de uma verdade a outra, julgada tal em razão de seu liame com a primeira, permite inferir dez itens como FUNDAMENTOS GERAIS DA GEROCULTURA, relacionados a seguir.

Revisão Periódica da Saúde

- Afastar os maus hábitos que prejudicam a saúde, adquirir os bons que a beneficiam e descobrir precocemente eventual doença oculta ou silenciosa e, assim, garantir a qualidade de vida.

Check-up médico é exame clínico, armado, sistemático e abrangente que detecta moléstias ocultas, silenciosas em seus pródromos, bem como lesões ou alterações indicativas, tendências a futuras doenças, como as pré-cancerosas, pré-diabetes, pré-hipertensão arterial e outras. No futuro, com certeza, será incluído o mapa genético mostrando a integridade ou não dos genes, sem ou com defeitos ou mutações indicativas de probabilidade de doenças do indivíduo ou de seus descendentes.

Atividade Intelectual

- Exercitar a reflexão para promover a circulação de idéias e garantir a circulação cerebral.

O hábito de pensar, elaborando idéias, o exercício da reflexão, levando à produção intelectual, fazer poesia, compor música, garantem o fluxo sangüíneo do encéfalo, o que protege os neurônios.

Meditação

- Treinar a abstração, ou seja, não pensar em nada e assim se proteger do estresse e aumentar a capacidade individual de concentração.

A prática freqüente do relaxamento diminui os estímulos externos, protegendo o indivíduo do estresse e aprimorando a capacidade de concentração mental. A ioga ensina essa prática.

Auto-estima

- Cultivar o amor-próprio, pois é o segredo para manter a chama do eterno entusiasmo.

Uma sutil manifestação de vaidade pode revelar o segredo da existência, que faz o indivíduo gostar de si mesmo e, assim, também saber amar o próximo.

Motivação

- Sonhar alto e encontrar o objetivo de vida, o que justifica a existência e é a chave da realização dos sonhos.

Definir o que deseja, ter um alvo a atingir, sentir interesse pelo objetivo geram energia para produção intelectual, artística, esportiva, social e torna o indivíduo útil à sociedade, à família e, conseqüentemente, a si próprio.

Remover os Possíveis Fatores de Risco de Acidentes Vasculares

- Afastar definitiva e totalmente os fatores removíveis de risco de acidentes vasculares, como tabagismo, maus hábitos alimentares, sedentarismo e garantir a qualidade de vida.

Abolir radicalmente o tabagismo, até mesmo o indireto (não se sentando ao lado de fumantes), corrigir os maus hábitos alimentares (comer direito) e deixar o sedentarismo (fazendo caminhadas), restringir-se a beber apenas socialmente, tudo isso garantirá sua qualidade de vida.

Controlar os Fatores Internos de Risco de Acidentes Vasculares

- Tratar corretamente as doenças que aumentam o risco de acidentes vasculares, como hipertensão arterial, diabetes e hipercolesterolemia e assim passar para o universo dos indivíduos saudáveis.

Pesquisar periodicamente eventuais doenças ocultas e tratá-las de maneira correta, controlá-las com rigor para neutralizar o risco que acarretam e reverter a situação, passando para o universo dos indivíduos sadios.

Subnutrição sem Desnutrição

- Adotar uma alimentação balanceada, freqüente e em menor quantidade do que a desejada, sustentando a fonte da juventude.

A alimentação diversificada, sem restrições de variedade mas em quantidades balanceadas, previne a obesidade, garante o bem-estar e melhora a qualidade de vida do indivíduo.

Atividade Física

- Praticar exercícios físicos com regularidade, freqüência e intensidade adequadas é benéfico à saúde.

O exercício físico regular com freqüência e intensidade corretas beneficia a saúde, garantindo a qualidade de vida. O mais simples deles é a caminhada, sabendo-se que em 120 passos por minuto os pulmões estão sendo beneficiados; intermitentemente apressando essa passada a ponto de aumentar a freqüência cardíaca e depois voltando ao ritmo anterior, o benefício será para o coração. A atividade exagerada de fim de semana sem preparação adequada e até mesmo sem aquecimento prévio pode por em risco a saúde e a vida.

Estado de Espírito

- Exercitar a permanente procura do lado bom dos fatos afasta os fantasmas da mente e torna o indivíduo bem-humorado, com alegria de viver.

O estado de espírito individual depende da maneira de ver a vida. Exercite a permanente procura do lado bom do cotidiano; a constante preocupação em afastar os fantasmas de sua mente e não guardar rancor o torna capaz de ser bem-humorado, sem cultivar mágoa nem rancor. Abrace a humildade e repudie a soberba, ficando no caminho da paz e da alegria de viver.

Posfácio – Uma Janela para o Futuro

Genoma é o alfabeto com que Deus escreveu o ser humano.
BILL CLINTON

Na população dos asilos, a mulher aparece em número significativamente maior. Entretanto, esse fato parece resumir-se na triste realidade – a mulher vive mais tempo para sofrer. As estatísticas mostram que o homem morre mais pelo coração e pelo cérebro. Esses dois órgãos e as artérias padecem do inexorável mal, a arteriosclerose. Depois desse fantasma, que atinge todos os seres humanos, vêm câncer, doenças respiratórias, acidentes, cirrose hepática, suicídio, homicídio e síndrome da imunodepressão adquirida. As mulheres são vítimas das mesmas causas de morte acrescidas de câncer genital, complicações da gravidez, parto e de outras doenças menores. Embora com maior longevidade, as mulheres sofrem mais com artrite reumatóide, depressão, osteoporose. Tudo faz crer que a diferença de maior tempo de vida resulta apenas em mais tempo para sofrer!

A genética acaba de abrir novos horizontes com grande expectativa, ou melhor, enormes esperanças para garantir a qualidade de vida do ser humano. Em 2003, japoneses e ingleses descobriram um gene imprescindível para que células-tronco se transformem em qualquer tipo de tecido.

A genética é promissora. Seu grande progresso tem surpreendido até mesmo os cientistas, pelas conquistas inimagináveis. Ela promete qualidade de vida. O diagnóstico precoce poderá preservar essa qualidade; aqueles sem doenças terão vida mais longa.

O cromossoma-4 é muito parecido entre os longevos e seus irmãos, o que faz supor que desencadeie a produção de uma substância química responsável pela idade provecta.

Recente publicação do estudo de mais de uma centena de milhar de idosos, na faixa de 91 a 109 anos e de seus irmãos, mostrou que os pesquisadores da HARVARD MEDICAL SCHOOL identificaram, nesse grupo, o cromossoma-4 muito parecido, fazendo crer existir uma substância química, produzida por ele, responsável pela longevidade. THOMAS PERLS ressalta que o objetivo é resguardar as pessoas das doenças da velhice, o que garantirá a qualidade de vida e não simplesmente aumentará sua duração.

Essa pesquisa teve por base um estudo em *Drosofila melanogaster*, na qual existem poucos genes que, modificados, aumentaram a duração da vida (Fonte: O Estado de S. Paulo, 27/08/2001)

Hoje, com a obtenção da célula-tronco do sangue de cordões umbilicais, guardados em bancos apropriados, os perigos dos desvios éticos estarão preservados, deixando de ser preocupação da sociedade.

A longevidade, com tais garantias, parece estar surgindo com a luz tênue que se acende no fim do escuro túnel da esperança, frustrada durante os últimos cinco milênios. Mesmo que essa esperança seja vã para a atualidade, há fortes indícios de que, nessa linha de pesquisa, seja cientificamente correta e que somente dependerá da velocidade do progresso na área, fazendo crer que, de agora em diante, será sempre com maior aceleração. Pode-se por fé nessa esperança, pois o investimento das agências de fomento à pesquisa tem sido muito grande em todos os países; assim, os recursos técnicos e humanos já estão preparando o desenvolvimento previsto.

Uma janela se abre para, quem sabe, tornar realidade o sonho universal de todas as gerações que, de maneira muito própria, A. BOAVENTURA DA SILVA enuncia: “o ideal é morrer jovem o mais tarde possível”.

Glossário

A ciência reúne, em cada área do conhecimento, quantidade considerável de termos específicos. Os especialistas de determinado assunto, quando se comunicam entre si, usam expressões peculiares à matéria, tornando impossível seu entendimento por parte dos leigos mas, algumas vezes, até mesmo por colegas de especialidades não afins. Os iniciantes se defrontam, nos estudos, com palavras desconhecidas ou com significado diferente daquele que lhes é familiar.

Este glossário tem por objetivo romper o hermetismo da linguagem médica para tornar a leitura acessível a todos. Relaciona os vocábulos atinentes ao título do livro e a outros campos da medicina para facilitar a compreensão do leitor. A ordem alfabética dos verbetes facilita a consulta rápida para dirimir dúvidas. A leitura seqüencial propiciará maior conhecimento da matéria, bem como erudição, facilitando incursões em leituras afins.

Sinais e Abreviaturas

‖	separar diferentes acepções	F.	formação
+	separar elementos	gr.	grego
[ ]	encerrar explicações	ing.	inglês
–	evitar repetição da palavra principal	it.	italiano
		lat.	latim
al.	alemão	Ref.	referência/referente
Eq.	equivalente	Sin.	Sinônimo
esp.	espanhol	V.	ver
Eti.	agente etiológico	*vg.*	*verbi gratia.* por exemplo
Ex.	exemplos		

A

Adenina, um dos quatro tipos de base nitrogenada. Os outros são timina, citosina e guanina.

Afrodisíaco, F. gr. *Afrodite,* deusa do amor. || Substância ou medicamento que aumenta o apetite sexual. || [Por extensão] que aumenta a potência. || Aumenta a potência.

Alossomas, Sin. *cromossoma sexual.* || Eq. *heterocromossoma.* || Trata-se de um cromossoma acessório. V. *cromatina.*

Aminoácido, molécula básica para construir as proteínas.

Amor, fonte de união reprodutiva que transcende o indivíduo para garantir o interesse quanto à forma de vida em sociedade. || Está sujeito a condicionamentos psicossociais criados pela família ou ambiente religioso e cultural educativos. || A liberação instintiva, de um lado e a repressão da sexualidade determinam os valores individuais e causam neuroses, impotência ou frigidez e perversões sexuais. || Afeição profunda. || Afeição viva por alguém ou por alguma coisa. || Sentimento apaixonado por outra pessoa.

Analogia, (Ref. *órgãos*) mesma função com estrutura diferente de outros. V. *homologia.*

Anatomia, ramo da morfologia que trata da estrutura dos organismos e da relação entre suas partes. || – **humana,** estudo dos órgãos e estruturas do corpo humano. || – **comparada,** o mesmo em várias espécies animais.

Androfilia, interesse por homens [sejam eles adolescentes ou adultos]. || Manifestação [sexual] do homem ou da mulher (termo idealizado por MAGNUS HIRSCHFELD).

Androfobia, mulheres que manifestam aversão ao homem, [tida como homossexualidade latente]. || Inveja do pênis, por parte feminina.

Andrógeno, hormônio masculino.

Anedonia, perda do prazer. || – **sexual,** perda do prazer sexual.

Anomalia, irregularidade do organismo. || Condição que o torna diferente dos demais indivíduos da espécie. || Desvio da média normal. || [São seus graus mais avançados, *a deformidade* e *a monstruosidade*]. V. *variação, deformidade, malformação, monstruosidade.*

Anorgasmia psicogênica, disfunção orgásmica. || O orgasmo não ocorre. || Orgasmo retardado [pode ocorrer em apenas certas situações]. || [Mais freqüente em mulheres do que no homem].

Ansiedade, perturbação psíquica emotiva. || Estado de dúvida e insegurança. || Interfere no desempenho sexual.

Astenia, F. gr. *asthéneia.* || Falta ou perda de força, vigor.

Ato sexual, Sin. *cópula.* || União sexual caracterizada pela penetração do pênis.

Autossomas, nome dos 44 cromossomas (44 ou 22 pares), ou seja, dos 22 pares que não os responsáveis pela transmissão do sexo. || Cromossomas responsáveis pelas características somáticas.

B

Base, nitrogenada, substância que forma os degraus da dupla-hélice do DNA.|| Tipos de base (adenina, timina, citosina e guanina).

Biogerontologia, os biologistas ou biólogos preferem essa expressão para se distinguirem dos demais gerontologistas e se restringirem ao estudo do envelhecimento dos organismos vivos.

Braquitipo, tipo morfológico caracterizado por tronco largo e membros curtos. V. *brevilíneo.*

Brevilíneo, tipo morfológico com membros curtos e, ao mesmo tempo, tronco largo. V. *pícnico, braquitipo.*

C

Câncer, F. lat. *cancer,* caranguejo; também tem o sentido de *cancro.*|| Neoplasia maligna do epitélio. || Tumor maligno. V. *sarcoma.*

Caracteres sexuais secundários, modificações corpóreas e comportamentais da mulher e do homem decorrentes de ação hormonal. || – **no homem,** aparecem na puberdade caracterizados por barba, bigode, pêlos axilares, toráxicos, nos membros e pubianos [disposição triangular] e libido voltada para a mulher. || – **na mulher,** caracterizados pelo desenvolvimento das mamas, adiposidade nos quadris e nádegas, disposição triangular ou pêlos pubianos e libido voltada para o homem.

Cariograma, exame microscópico colocando os cromossomas do cariótipo aos pares e em ordem de tamanho. || – **da espécie humana,** exame citológico dispondo os 46 cromossomas em 23 pares, dos quais um, diferente dos demais, é constituído de *cromossomas sexuais* ou *alossomas,* também chamados *gonossomas* ou *heterocromossomas.* || Os outros 44 ou 22 pares são chamados *autossomas.* V. *alossomas, autossomas, cromatina, cromossomas, heterocromossomas.*

Cariótipo, complexo cromossômico [número fixo, da mesma forma e dimensão].

Castração, exérese das gônadas [baixa níveis sangüíneos hormonais imediatamente. Libido desaparece antes da impotência. (Ref. *hormônio*) A hormonioterapia com andrógeno não cura a impotência psíquica].

Cavidade peritoneal, interior da membrana serosa que reveste por dentro a cavidade abdominal.

Citologia, estudo das células. || Capítulo da morfologia que estuda a célula.

Climatério, fim do período reprodutivo da mulher. || Diminuição fisiológica da atividade sexual do homem e da mulher. V. *menopausa.*

Citosina, um dos quatros tipos de base nitrogenada. || Os outros são adenina, timina e guanina.

Coito, F. lat. *coitus,* ação de se juntar, de se reunir. || Sin. *cópula.* || Ato sexual. || União sexual caracterizada pela penetração do pênis. || – **interrompido,** método anticoncepcional [precário] caracterizado pela retirada do pênis antes da ejaculação. V. *libido, ejaculação.*

Coitofobia, medo de ter relação sexual.

Color Doppler Energy, exame ultra-sônico dispondo da mais recente aquisição, o contingente *Energy,* que contribui para aumentar a sensibilidade e aprimorar sua resolução. || Detecta e registra, em cores, a energia gerada pela reflexão do movimento do fluxo sangüíneo. || Mostra a amplitude do fluxo, sem informar o sentido ou a velocidade e proporciona informação de alta qualidade para o diagnóstico em regiões de fluxo lento. || Identifica e estuda a vasculatura fina e os vasos intrínsecos de vários órgãos como placenta, rins, fígado, tireóide, etc. Serve para rastrear a região na qual existe fluxo sangüíneo. || Pode ser usado para estudar sistemas arterial e venoso, pois facilita a identificação e localização dos vasos, independentemente de posição e ângulo do transdutor.

Compulsão, condição que impele alguém a fazer algo. || – **sexual,** impulso sexual excessivo.

Concepto, produto da fecundação. || Concebido.

Condon, F. gr. *kapotes.* || Sin. *camisinha.* || Capa de borracha fina e resistente colocada no pênis para proteger contra moléstia sexualmente transmissível e usada como anticoncepcional.

Congênito, F. lat. *con* + *genitus,* produzir. || Que nasce com o indivíduo [que não é adquirido].

Cordão umbilical, estrutura cilíndrica [cerca de 50cm] contendo artérias e veia umbilicais e que liga a placenta ao feto.

Cordocentese, coleta de sangue do cordão umbilical [para avaliação genética e de infecções congênitas, como rubéola e toxoplasmose.

Corion, envoltório [o mais externo] do embrião. || Membrana protetora do embrião.

Criptorquidia, F. gr. *kryptós,* escondido + *órchis, eos,* testículo. || Anomalia congênita na qual os testículos não chegam ao escroto [a maior temperatura do abdome parece ser responsável pelo perigo de degeneração neoplásica].

Cromatina, Eq. *alossomas, heterocromossomas, gonossomas.* || Constituinte do núcleo da célula [ácido nucléico ou desoxirribonucléico referido pela sigla DNA]. || Na reprodução celular fragmenta-se em cromossomas. || – **sexual**, são os cromossomas X e Y [cada indivíduo tem um par, sendo homem XY e mulher XX].

Cromatóforos, F. gr. *chroma,* atos, cor + *phóros,* portador. || Célula que carrega o pigmento [melanina].

Cromossoma, fragmento de cromatina que aparece no momento da reprodução celular. || – **acessório,** Sin. – *sexual.* || – que determina o sexo. || – **ímpar,** Sin. – *sexual* [nome proposto por McClung]. || – **sexual,** que intervém na determinação do sexo. || No homem XY e na mulher XX. || – **X,** – sexual diferencial presente em todos os gametas femininos e na metade dos masculinos. || – **Y,** – sexual presente em todos os gametas masculinos. || Fator determinante do sexo masculino.

Cromossomo, o nome significa corpo colorido por ser experimentalmente tingido. É filamento de DNA e proteínas associadas, visível na divisão celular.

D

Deformidade, alteração da forma do órgão [causa genética, embriológica, funcional e traumática].

Determinação da cromatina sexual, estudo do cromossoma X. || Análise numérica e morfológica das células provenientes da mucosa oral. || Resultado apresentado em tabelas indicando valores referenciais.

Determinismo genético, princípio pelo qual as características físicas e de comportamento do indivíduo são determinadas pelos genes, sem contribuição do ambiente.

Diplóide, característica das células somáticas, assim chamadas por possuírem dois cromossomas de cada tipo. || Cromossoma homólogo, em decorrência da redução cromática.

Dispareunia, F. gr. *dyspáreunos, dys + páreunos,* cujo leito é funesto. || Coito doloroso para a mulher.

Displasia, desenvolvimento anormal.

Disúria, dor à micção.

DIU, F. abreviatura de dispositivo intra-uterino. || Pequeno dispositivo [de cobre ou silicone] que, colocado dentro do útero, impede a nidação do ovo. || É método anticoncepcional largamente utilizado [deve ser aplicado por médico].

DNA, ácido desoxirribonucléico, integrante do gene. || Mecanismo de divisão do DNA, carrega a codificação genética da mensagem genética. || Moléculas de – dentro do cromossoma. || Composto de duas fitas que se encaixam [semelhante a um feixe *éclair*]. || Complementariedade química entre as duas fitas que possibilita alinhamento entre elas.

Doença, desvio do fisiológico. || Consciência do corpo (RENÉ LERICHE). || Perturbação da saúde. || Processo mórbido. || Conjunto de sinais e sintomas de causa conhecida ou não, com ou sem prognóstico [a *Classificação Internacional de Doenças* cataloga cerca de 900 doenças, das quais 300 são formas alternativas. Das 600 restantes só se conhece a etiologia de um terço].

Doenças sexualmente transmissíveis, Sin. *moléstia venérea.* II – que se transmitem pelo ato sexual.

Doença silenciosa, pródromos ou doença sem manifestação clínica. II Ausência aparente de doença.

E

Ecografia, exame não invasivo que utiliza o ultra-som para estudar os órgãos.

Eco bidimensional, exame ultra-sônico que analisa a disposição espacial das estruturas, facilitando seu reconhecimento. II – **Doppler,** exame que estuda a localização e o sentido do fluxo sangüíneo. II Determina a velocidade e indiretamente quantifica o fluxo estudado. II – **Doppler colorido,** visualiza o fluxo em cores, variando na dependência do sentido do sangue. II – é Doppler pulsátil codificado para registrar em determinada cor o fluxo sangüíneo que se aproxima do transdutor e, em outra, aquele que se afasta. II Aparece no vídeo um fluxograma colorido simultaneamente ao eco bidimensional, superpondo as duas imagens. II Exame qualitativo que não quantifica, mas revela a variação, bem como o sentido do fluxo. II [É útil para visualizar doenças fetais, comunicações interventriculares, refluxos valvares, obstruções arteriais, aneurismas e cistos sinoviais]. II – **Unidimensional,** primeira modalidade do ultra-som utilizada para diagnóstico. II Mede, pelo osciloscópio, distâncias lineares. II Imagem em movimento [do coração] que aparece no vídeo em ondas, representando a posição das estruturas no decorrer do tempo.

Efeito Doppler, observado pelo físico Christian Johan Doppler. II Fenômeno explicando a mudança de tom pelo aumento da concentração de ondas sonoras, decorrente da aproximação da fonte sonora que chega aos ouvidos do espectador como som grave, enquanto, ao se afastar, se rarefaz e torna-se aguda.

Ejaculação, eliminação de esperma no final do ato sexual. II – **durante o sono,** Sin. *polução noturna.* II Fenômeno natural que pode ocorrer a qualquer homem, predominando na adolescência. II Freqüentemente desencadeado por sonho ou fantasias eróticas. II – **estéril,** a do indivíduo vasectomizado. II – de esperma sem espermatozóide. II – **pre-**

coce, eliminação do esperma antes do término do prazer do orgasmo [ocasionalmente pode acontecer antes da penetração]. || Incapacidade de controlar a ejaculação. || – **retardada,** descontrole da eliminação do esperma, após término do orgasmo, quando da detumescência do pênis [situação rara de causa psíquica]. || – **seca,** [expressão inadequada] orgasmo sem a eliminação de esperma [entre os pacientes simpatectomizados, dos quais foi retirado o primeiro gânglio simpático lombar de ambos os lados].

Embolia, F. gr. *embolé* + ia, obstrução. || Obstrução brusca do fluxo de um vaso por corpo estranho que se desloca na corrente. || A manifestação clínica dependerá do vaso onde o fenômeno se dá, e da natureza do êmbolo. V. *trombo, trombose.*

Êmbolo, F. lat. *embolus.* || Coágulo ou corpo estranho, como por exemplo fragmento de trombo, de ateroma, de tumor, gota de gordura, bolhas de ar, grumos de bacilos ou de parasitas, que podem estar dentro da luz de um vaso, cuja movimentação dentro da corrente sangüínea ou linfática se denomina embolia. V. *trombo, trombose.*

Engenharia genética, técnicas para cortar segmentos de DNA e colocá-los em outra célula do organismo, para criar novas combinações genéticas.

Envelhecimento, perda das funções habituais que surgem após a maturidade sexual e vão até a longevidade máxima.

Envelhecismo, preconceito contra os idosos e o envelhecimento. Termo criado, em 1968, por Robert Butler, do Instituto Nacional de Envelhecimento, dos Estados Unidos.

Enxerto, fragmento de pele utilizado para recobrir áreas cruentas.

Enzima, catalizador biológico. Molécula com capacidade de provocar determinada reação química.

Erotismo, condição de interesse sexual. || Impulso com fim biológico capaz de se tornar comportamento consciente.

Erotofílico, aquele que tem, emocionalmente, interesse sexual.

Erotofobia, pavor ao ato sexual.

Erotofóbico, o que não tem interesse sexual.

Erotomania, ilusão de ser amado. || O erotômano é importuno e pode se tornar ameaçador.

Esqueletopia, relação do órgão ou estrutura que se estuda com o esqueleto.

Especificidade, capacidade de exclusividade. || **Exame com grande –,** que indica apenas o que se procura.

Espera vigilante, acompanhamento programado para detectar as primeiras manifestações clínicas de uma doença diagnosticada precocemente e que se saiba ter evolução extremamente lenta e cujo tratamento traga sempre seqüelas graves. || Idem nos casos de pacientes com perfil de alto risco. || Conduta de bom senso diante de casos cujo tratamento é mais agressivo do que a própria doença.

Espermatogênese, F. gr. *sperma,* semente + *génesis,* produção. || Processo de formação do espermatozóide.

Espermatorréia, emissão excessiva e freqüente de esperma. || Perda espontânea de esperma. || Emissão involuntária de esperma sem orgasmo.

Espermatozóides, gametas masculinos. || Célula sexual masculina que transmite um cromossoma sexual X ou Y; consta de uma cabeça, um segmento intermediário e uma cauda. V. *óvulo.*

Espermicida, substância que mata o espermatozóide.

Esterilização, (Ref. *controle de* natalidade) procedimento que torna o indivíduo incapaz de procriar. || – **feminina,** procedimento que impede definitivamente a mulher de procriar. || Ligadura tubária bilateral, ooforectomia e histerectomia. || – **masculina,** método anticoncepcional. || Impedimento de procriação. || Vasectomia e castração.

Estética cirúrgica, parte da cirurgia plástica que cuida da beleza.

Estratégia, habilidade para conseguir êxito.

Estresse, condição de permanente tensão. || – [interfere no desempenho sexual].

Estrogênio, hormônio feminino produzido pelo ovário. || Promove [na puberdade] o aparecimento dos caracteres sexuais secundários da mulher.

Eugenia, manipulação de gene para melhorar a espécie humana.

Exame não invasivo, diz-se do método que não agride e nem causa desconforto ao doente.

F

Fecundação, fase da reprodução em que o espermatozóide penetra no óvulo, resultando no ovo.

Fetichismo, veneração de objetos a que se atribuem qualidades sobrenaturais e que podem, entre outras coisas, causar excitação de natureza erótica.

Fenótipo, conjunto de traços que caracterizam um grupo de indivíduos. ‖ Conjunto de dados semelhantes de indivíduos. ‖ – **sexual,** conjunto de traços que caracterizam tanto o homem quanto a mulher.

Filogênese, evolução da espécie animal. ‖ Reprodução de cada fase da escala zoológica.

Fimose, F. gr. *phimósis,* oclusão; *phimós,* mordaça. ‖ Estreitamento ou oclusão do orifício do prepúcio impedindo a exteriorização da glande.

Folículo de Graaf, – ovariano maturo. ‖ Óvulo e células que o circundam, localizados na superfície do ovário. ‖ Conjunto de células que envolvem o óvulo.

Frigidez, F. lat. *frigor,* frio. ‖ Indiferença sexual da mulher. ‖ (Ref. *mulher*) Disfunção sexual geral. ‖ (Ref. *mulher*) Disfunção sexual orgânica. ‖ (Ref. *mulher*) ausência de prazer no coito. ‖ (Ref. *mulher*) – decorrente [eventualmente] de dificuldade no relacionamento humano.

G

Gamofobia, Sin. *misogamia.* ‖ Temor do casamento.

Gene, menor unidade de transmissão hereditária. ‖ Partícula do cromossoma.

Genoma, conjunto de gens contidos em todos os cromossomas de uma espécie.

Genótipo, conjunto de fatores hereditários. ‖ Grupo de indivíduos de mesma constituição geral.

Genômica, ciência que estuda o gene, sua distribuição no cromossoma.

Geriatria, termo introduzido por NASCHER (1909) para designar a especialidade médica, parte da gerontologia, que cuida do diagnóstico e do tratamento das doenças do idoso.

Gerocultura, conjunto de meios próprios para assegurar o envelhecimento sadio e, assim, garantir a qualidade de vida do idoso.

Geron, empresa de biotecnologia da Califórnia que tem por objetivo estudar e pesquisar meios de prolongar a vida. Estabeleceu que as células velhas são mais suscetíveis às doenças do que as células jovens.

Gerontofilia, amor por velho.

Gerontofobia, pavor à velhice.

Gerontologia, termo introduzido por METCHNIKOFF, em 1903, significando ciência que estuda problemas do idoso sob todos os aspectos: biológicos, clínicos, históricos, emocionais e sociais. Em outros termos, é a *biologia do envelhecimento.* A pesquisa científica nessa área visa demolir mitos utilizando fatos verificáveis, considerando que aquele que pesquisa tem melhores condições para entender e narrar os matizes observados e revelar as emoções da descoberta, bem como o raciocínio científico adotado para entender os fenômenos.

Ginecofobia, horror às mulheres.

Ginofobia, horror às mulheres.

Glabela, F. lat. *glabella,* diminutivo de *glaber,* liso. ‖ Porção lisa do osso frontal sobre a órbita, mais exuberante no homem que nas mulheres; representa caráter sexual secundário.

Glande, extremidade do pênis, formada pela expansão da porção esponjosa da uretra recoberta pelo prepúcio. ‖ – **do clitóris,** extremidade do clitóris.

Glândula apócrina, glândula que, com sua secreção, elimina também células de suas terminações. ‖ – **endócrina,** – que elimina seu produto diretamente no sangue. ‖ O produto dessas glândulas é chamado *hormônio.* ‖ – **exócrina,** glândula que elimina seu produto através de um ducto. ‖ – **mamária,** a que produz leite. ‖ – **mista,** a que produz componente seroso e mucoso. ‖ – **pituitária,** Sin. *hipófise.* ‖ Hipófise cerebral [adreno-hipófise (lobo anterior), neuro-hipófise (lobo posterior)]. ‖ Glândula endócrina que secreta os hormônios: tireotrópicos, adrenocorticotrópicos e gonadotrópicos. ‖ – **sebácea,** a que produz sebo [gordura e restos celulares]. ‖ – **sudorípara,** a que produz suor. ‖ Glândula da pele. ‖ – **sudorípara modificada,** que produz suor com odor forte [axilas e próxima dos genitais].

Gônada, órgão produtor de gametas [ovário ou testículo].

Gonadotrófico, hormônio produzido pela hipófise com ação sobre as gônadas masculina e feminina.

Gonadotropina, hormônio estimulante das gônadas. || – do lobo anterior da hipófise. || Admite-se a existência de três gonadotropinas: folículo estimulante [HFS, Prolan A]; luteinizante [HL, Prolan B] e luteotropina. || – **coriônica,** Sin. *hormônio coriônico gonadotrópico* [HC]. || Hormônio produzido pelas vilosidades coriônicas da placenta [presente na urina e no sangue da mulher grávida].

Gonossomas, responsáveis pelas características sexuais.

Graaf, folículo de, – ovariano maturo. || Óvulo e células que o circundam, localizados na superfície do ovário. || Conjunto de células que envolvem o óvulo.

Guanina, um dos quatro tipos de base nitrogenada. Os demais são adenina, timina e citosina.

H

Haplóide, característica das células sexuais por possuírem apenas um tipo de cromossoma (X ou Y).

Hermafrodita, indivíduo portador de dois sexos [extremamente raro, não existem mais que poucas dezenas de casos descritos na literatura]. || – **bilateral,** indivíduo com um ovário e um testículo em cada lado. || – **unilateral,** paciente com *ovotestis* de um lado e um ovário ou um testículo do outro.

Heterocromossoma, Sin. – *sexual*, – *acessório.* || Eq. *alossoma.*

Hibridização molecular, técnica utilizada em biologia molecular para identificar o DNA de um indivíduo por meio da mistura de moléculas. || Usada para identificação da paternidade [molécula híbrida do DNA correspondente ao produto da união de uma fita da molécula de DNA do pai com uma fita de molécula de DNA da mãe].

Híbrido, produto da mistura de duas moléculas com características diferentes.

Higiene, F. gr. *Hygeia,* deusa da saúde. || Hábitos que tratam da saúde. || Procedimentos que preservam a saúde. || – **íntima,** cuidados com os genitais externos e região perineal [deve ser mais rigorosa e freqüente no período menstrual].

Hiperemia, congestão. || aumento local da quantidade de sangue.

Hiperpigmentação, aumento da pigmentação. || Manchas escuras decorrentes do aumento aparente da melanina [superficialização dos cromatóforos].

Hiperqueratose, F. gr. *hiper,* excessivo + *kéras,* corno, substância córnea. || Calosidade. || Tecido córneo excessivo. Eq. hiperceratose.

Hipófise, F. gr. *hupo* + *physis,* produção. || Sin. *glândula pituitária.* || Órgão glandular localizado na base do cérebro, na *sela turca.* || Produz hormônios que regulam tireóide, gônadas, córtex supra-renal e outros [lobo anterior – adreno-hipófise, posterior – neuro-hipófise].

Hipoplasia, desenvolvimento incompleto ou defeituoso.

Hirsutismo, F. lat. *hirsutus,* peludo + ismo. || (Ref. *mulheres*) excesso de pêlos.

Histeria, tipo de neurose cujos sintomas decorrem de mecanismos inconscientes. || Desenvolve-se em personalidades especiais com instabilidade de humor, infantilismo emocional. || O histérico [homem ou mulher] tem necessidade de chamar atenção [teatralidade]. || Conversão de conflitos psíquicos em sintomas físicos produzindo lesões orgânicas com perturbações do sistema nervoso, como anestesias, contraturas, tremores e vertigens. || Os estados de dissociação histérica levam à chamada dupla personalidade e à amnésia. || Na condição histérica, há reprodução de doenças alheias [*contágio psíquico*].

Homologia, Eq. *quanto à estrutura.* || Órgãos ou partes com a mesma estrutura, posição e origem de outros.

Hormônio gonadotrófico, Sin. *hormônio gonadotrópico.* || – **gonadotrópico,** hormônio secretado pela adreno-hipófise a partir da puberdade. || Tem duas funções chamadas folículo-estimulante e luteinizante. || No sexo ***masculino*** ele age nos tubos seminíferos do testículo e produz o espermatozóide. || O hormônio luteinizante estimula as células intersticiais do testículo e elas passam a produzir os hormônios andrógenos. || No sexo ***feminino*** o hormônio gonadotrófico estimula a liberação do óvulo e da produção do hormônio estrogênio e do hormônio progesterona ou luteína. || – **luteínico.**

I

Impressões digitais de DNA, pequenas seqüências repetidas de DNA [chamadas mini-satélites] de **número** e **comprimento** diferentes em cada pessoa. || Genes homozigotos têm impressões digitais de DNA idênticas.

Irrumação ou felatorismo, gozo sexual obtido pela sucção do pênis.

J

Janela imunológica, intervalo de tempo entre a infecção e o aparecimento de anticorpos.

L

Levantar precoce, conceito moderno de pós-operatório adotado pelo obstetra, pelo qual a mulher se levanta algumas horas depois do parto. || Representa enormes vantagens na profilaxia da trombose venosa profunda. || – desencadeia recuperação precoce.

Libidinagem, Sin. *sensualidade.* || Ato da união carnal ou equivalente.

Libido, desejo sexual. || Energia psíquica associada ao instinto sexual.

Ligadura tubária, método anticoncepcional definitivo para a mulher. || Esterilização da mulher. || Secção das duas trompas de Fallopio.

Linha mamária, duas linhas imaginárias dispostas paralelamente, no tronco, nas quais pode ocorrer o aparecimento ocasional de mamas acessórias ectópicas.

Longilíneo, Sin. *dolicomorfo.* || Tipo morfológico alongado. || Indivíduo com membros longos e tronco estreito. || Prevalência dos membros sobre o tronco.

Luteína, hormônio produzido pelo corpo lúteo.

Longevidade, período de tempo que se pode esperar que o ser humano, ou qualquer animal, viva.

Longevidade máxima, tempo de vida para o ser humano. Nos países desenvolvidos, é de 115 anos.

Longevidade média, expectativa de vida para o ser humano. Nos países desenvolvidos, é de 75 anos.

M

Malformação, anomalia ou deformidade congênita.

Mama, órgão glandular duplo desenvolvido na mulher. || É rudimentar no homem. || Função de produzir leite. || Prevenção do câncer de mama. || Mulher adulta deve fazer sistematicamente auto-exame das mamas.

Mania, preocupação obsessiva.

Masturbação, Sin. *onanismo, quiromania.* || Produção do orgasmo por manipulação dos genitais. || [À pergunta "ela faz mal?" deve ser respondido que não, mas deve ser praticada em local adequado ou ser socializada].

Melanina, pigmento preto ou marrom-escuro da pele e pêlos.

Menopausa, fim do período reprodutivo da mulher. || Diminuição fisiológica da atividade sexual do homem e da mulher. || – **precoce,** diz-se quando ocorre antes dos 40 de idade. V. *climatério.*

Menorréia, fluxo sangüíneo do útero. V. *menstruação.*

Menstruação, F. lat. *menstruo,* menstrua. || Sin. *menorréia, mênstruo, catamênio.* || Fenômeno sexual da mulher [também de primatas] caracterizado pelo fluxo sangüíneo do útero.

Mênstruo, F. lat. *mentruus.* || Fluxo sangüíneo do útero.

Mialgia, F. gr. *mys,* músculo + *algos,* dor + ia. || Dor muscular.

Misogamia, Sin. *gamofobia.* || Temor do casamento.

Misoginia, horror às mulheres.

Molécula, agrupamento estável de átomo, característico de uma substância.

Moléstia, desvio do fisiológico. || Consciência do corpo (René Leriche). || Perturbação da saúde. || Processo mórbido. || Conjunto de sinais e sintomas de causa conhecida ou não, com ou sem prognóstico.

Morbidade, F. lat. *morbidus,* doente. || Doentio.

Mortalidade, número de mortes ocorridas numa população.

N

Neurose, distúrbio nervoso funcional. || Transtorno das funções psíquicas.

Neurose de conversão, capacidade de certos neuróticos de transformar [inconscientemente] conflitos psíquicos em sintomas e sinais. || Somatização de conflitos psíquicos.

Normal, expressão estatística, comum. || Mais freqüente. || Que representa um grupo. || Unidade dentro da variedade.

Normolíneo, tipo constitucional intermediário.

O

Óvulo, célula sexual feminina que transmite um cromossoma X = gameta feminino [liberado do folículo de Graaf].

P

Patologia, F. gr. *pathos,* moléstia + *logos,* estudo [não pode ser usada no plural]. || Ciência que estuda as causas, as alterações estruturais e as funcionais que acompanham as doenças. || São seus ramos: etiologia, anatomia patológica e fisiologia patológica. || Não confundir com anatomia patológica [está errado usar o vocábulo *patologia* como sinônimo de *doença, moléstia, lesão* ou *alteração*].

Pêlo, anexo da pele. || Filamento que reveste a pele [exceto palmas das mãos, plantas dos pés, lábios, glande e folheto interno do prepúcio].

Pênis, F. lat. cauda. || Órgão sexual masculino. || Órgão copulador dos indivíduos do sexo masculino.

Período refratário, intervalo de tempo que vai do término do orgasmo ao início do interesse por nova relação sexual. || Tempo de inatividade entre duas ereções.

Peritônio, membrana serosa que reveste interiormente a cavidade abdominal.

Pílula, medicamento apresentado sob a forma de pequenas esferas [bolinhas] que, pela larga escala usada como anticoncepcional, tornou-se sinônimo dessa expressão. || – **anticoncepcional,** inibidora química da ovulação. || – **do aborto,** medicamento denominado RU-486 [não comercializado no Brasil]. || Medicamento inibidor da progesterona. || Impede a nidação [complicações: hemorragia e contrações uterinas fortes].

Plástica, F. gr. *plastikós,* que forma. || Cirurgia de reconstrução. || **Cirurgia —**, tem duas partes: estética e reparadora. || – **de vagina**, expressão inadequada para indicar construção cirúrgica de vagina.

Polução noturna, fenômeno natural de eliminação de esperma durante o sono. || Não tem significado doentio. || Freqüente na juventude e no adulto em períodos de abstinência. || Emissão involuntária de esperma, à noite, geralmente durante sonho relacionado com sexo.

Pomo-de-adão, proeminência laríngea.

Ponto G, zona erógena localizada na parte superior do terço anterior da vagina da mulher [descrita por GRÄFENBERG].

Pornografia, caráter imoral de publicações. || Devassidão sexual. || Obscenidade. || Licenciosidade.

Postectomia, operação cirúrgica que retira o excesso de pele do pênis deixando a glande descoberta.

Prepúcio, prega livre da pele que reveste a glande do pênis. || – **do clitóris,** prega da pele (modificada) dos pequenos lábios que recobre o clitóris.

Presbiterofilia, F. gr. *presbytes,* velho. || Amor por velhos.

Príapo, F. mitologia grega e romana. || Deus dos jardins, das vinhas e da procriação. || Filho de Dionísio e Afrodite, personificava a virilidade.

Priapismo, ereção persistente do pênis, sem desejo sexual, decorrente de trombose dos corpos cavernosos.

Progeria, doença que produz envelhecimento precoce, cinco a dez vezes mais rápido que o habitual. Trata-se de mutação genética extremamente rara ocorrendo uma vez em cada quatro milhões de crianças. Os cabelos caem, a pela fica enrugada, com aparência de idade avançada, arteriosclerose e morte na adolescência. LESLIE GORDON, de Boston (2003), rastreou a origem da doença e chegou à conclusão de que a falha genética causa a formação de bolhas que desencadeiam a instabilidade da estrutura ocasionando morte celular, atingindo todas as células do organismo, com exceção das cerebrais. FRANCIS COLLINS, do Instituto Nacional de Pesquisa do Genoma Humano, dos Estados Unidos, acha que a descoberta desse "modelo de envelhecimento prematuro" oferecerá melhor entendimento do que ocorre no organismo à medida que ficamos mais velhos. Para os pacientes com progeria a esperança é bloquear a proteína codificada pelo gene defeituoso. A mutação parece acontecer no esperma, porque somente a metade do DNA do paciente é afetada. Interessante é que todas as crianças afetadas apresentam exatamente a mesma mutação.

Progesterona, hormônio produzido pelo corpo lúteo do ovário.

Prolongevidade, período de vida, supostamente o maior, alcançado por procedimentos adotados para conseguir o prolongamento dos anos de vida.

Promontório, do sacro, saliência do ângulo sacrovertebral.

Propedêutica, método de exame clínico do paciente pelo estudo da história, sinais e sintomas.

Proteína, molécula complexa, de longas cadeias de aminoácidos, em seqüência que determina sua estrutura e função.

Psicose, desordem mental com desintegração da personalidade.

R

Recaída, reaparecimento da doença [infecciosa] na fase de convalescença.

Recidiva, F. lat. *recidivus,* que renasce. || Reaparecimento de uma doença depois de ter desaparecido.

Reconstrução (restauração) trompa, restabelecimento cirúrgico [ou endoscópico] da continuidade da tuba uterina. || – **do canal deferente,** restabelecimento, pela microcirurgia, da continuidade do canal deferente.

Recrudescência, agravamento da doença depois de melhorar.

Retalho, segmento de tecido [geralmente pele] destacado cirurgicamente para reparar faltas em outras regiões. || – **livre**, quando o pedículo vascular é isolado, transferido para outro local e reimplantado nos vasos. [melhor termo: enxerto]. || – **pediculado**, quando o pedículo vascular original é mantido. || – **cutâneo,** constituído de pele, preservando a artéria e a veia a serem reimplantadas por microcirurgia. || – **miocutâneo,** quando o tecido mobilizado é constituído de pele e músculo subjacente.

S

Sarcoma, degeneração maligna do tecido conjuntivo. || Neoplasia. || Tumor maligno do tecido conjuntivo.

Semiologia, estudo dos sinais e sintomas das doenças. || Método de exame clínico do paciente.

Senectude, sinônimo de senilidade e, sendo assim, é o estado de envelhecimento do ser humano.

Senescência, processo evolutivo das alterações causadas no ser humano pela idade.

Senilidade, há certa resistência para o uso deste termo, dificultando o entendimento uniforme por parte dos especialistas da matéria. Não vejo por que não o aceitar como "estado de envelhecimento" do ser humano.

Sensibilidade, capacidade de sentir, captar. || **Exame com grande —**, aquele que detecta a doença.

Sexo, caráter biológico que distingue o macho da fêmea. || Conformação do ser vivo que exerce funções específicas no ato da geração. || Diferença entre machos e fêmeas. || **– autorizado,** Sin. *sexo jurídico.* || Sexo declarado perante testemunha para Registro Civil. || **– designado,** condição de masculino ou feminino indicada em Cartório, para registro. || **– grupal,** prática pervertida de sexo entre três ou mais parceiros do mesmo ou de ambos os sexos. || **– jurídico,** o que consta no registro civil, feito por declaração ao Oficial de Registro Civil, perante testemunhas.

Sexologia, estudo do comportamento sexual humano. || Ramo da ciência que se ocupa do sexo e das relações sexuais. Estudo científico da sexualidade e de seus problemas psicofisiológicos.

Sexualidade, qualidade de sexual. || Conjunto de fenômenos da vida sexual. || É o caráter de masculinidade e feminilidade. O desenvolvimento da sexualidade corresponde à evolução dos indivíduos no sentido de se tornarem maduros e adultos, relacionando-se com outros e vivendo bem, devidamente ajustados na sociedade. A relação sexual é uma expressão da sexualidade. Educar, tendo em vista este aspecto, significa cuidar do problema logo após o nascimento, reconhecendo o *sexo* da criança e tratando-a adequadamente. No caso de anomalias da genitália externa nem sempre há definição certa do sexo e da criança e, quando ela for tratada como de sexo diferente do genético, ocorrerá o chamado *sexo de criação,* cujas conseqüências psicológicas são terríveis, pois acarretam para a criança insegurança e dúvida na compreensão de sua verdadeira sexualidade. A análise desses problemas exige que se tenha em mente a cultura da sociedade, a religião e o grupo étnico. Alguns *princípios,* entretanto, podem ser aceitos de antemão. Assim, é óbvio que cabe aos pais a educação sexual; a escola pode ajudar muito, sem contudo conseguir substituir a família. O exemplo sempre será mais forte do que o ensinamento teórico.

Sexualismo, estado ou condição do que tem sexo.

Simpatectomia, operação cirúrgica, idealizada no início do século, na qual são retirados nódulos e a cadeia simpática, com o objetivo de induzir a neoformação vascular em territórios com isquemia, ou seja, deficiência de circulação arterial. || Chamada *operação fisiológica* por intervir num local e obter resultado em outro território, a distância. || – **lombar,** retira a cadeia simpática lombar de um ou de ambos os lados.

T

Técnica, metodologia dos procedimentos.

Timina, um dos quatro tipos de base nitrogenada. Os outros são adenina, citosina e guanina.

Trombo, coágulo formado dentro de um vaso, coração, seios cavernosos ou corpos esponjosos e que permanece no local em que se formou.

U

Ultra-som, fenômeno acústico que consiste na propagação de ondas sonoras de freqüência superior às audíveis pelo homem (>20.000Hz) nos meios sólidos e líquidos, e não no gasoso, por zonas de condensação e de rarefação de suas moléculas. || Reflete-se ao atingir estruturas de densidades diferentes.

Ultra-sonografia, Sin. *Eco Doppler, Color Eco Doppler.* || Exame não invasivo que utiliza o ultra-som para distinguir estruturas. || Todos os órgãos e estruturas do corpo humano podem ser estudados por esse método. || Os mais modernos aparelhos conseguem analisar a forma e a função dos órgãos pelas suas artérias e veias, dando imagens coloridas e gráficos pelo computador. || Este exame baseia-se nos princípios físicos do ultra-som. || Conhecido pelo nome do físico CHRISTIAN DOPPLER.

V

Vaginismo, contratura espástica da musculatura circunjacente à vagina, causando sua oclusão, impedindo o coito ou o tornando doloroso.

Vagitano, deus que presidia aos primeiros gritos das crianças.

Variação, diferenças morfológicas sem alterações funcionais.

Vasectomia, (Ref. *homem*) F. lat. *vas,* vaso, ducto + gr. *ektomê,* excisão, retirada + ia. || Ressecção cirúrgica parcial dos ductos deferentes [anticoncepcional radical].

Z

Zona de excitação, (Ref. *mulher*) clitóris, ponto G descrito por GRÄFENBERG, mama, genitais externos, linha mamária.

Bibliografia

ABRAMS, W.B.; BERKOW, M.D.R. *Manual Merck de Geriatria.* 16ª ed., Editora Roca: 1990.

Academia Brasileira de Letras. *Vocabulário Ortográfico da Língua Portuguesa.* 1998.

Afinal que é beleza? *Revista Veja,* 2.6.2003.

AMATO, M.C.M. *Manual para o médico generalista.* Editora Roca, São Paulo: 2001.

AMATO, M.C.M.; AMATO, S.J.T.A. *Estilo de vida.* 3ª ed., Editora Maitiry, São Paulo: 2000.

AMATO, S.J.T.A. *Arterialização da veia.* Tese apresentada à Universidade de São Paulo, São Paulo: 1988.

As cartas brasileiras do padre Antônio Vieira. *O Estado de São Paulo,* 31.5.2003.

Brasil começa a entrar na era do proteoma. *O Estado de São Paulo,* 27.1.2003.

BOBBIO, N. *Elogio da serenidade e outros escritos morais.* Editora Unesp: 1998.

Burrice é uma doença genética, afirma cientista. *O Estado de São Paulo,* 1.3.2003.

CAJAL, S.R.Y. *Regras e conselhos sobre a investigação científica.* 3ª ed. Editora da Universidade São Paulo: 1979.

Cientistas finalizam mapa do genoma humano. *O Estado de São Paulo,* 14.4.2003.

DORLAND'S. *Medical Dictionary.* 28ª ed., W.B. Saunders Company. Philadelphia: 1990.

FRANCO, F.C. *Quantificação da parede dos vasos umbilicais pela macro e microscopia.* Dissertação – Hospital Jaraguá, São Paulo: 1999.

GALVÃO, R. *Vocabulário Etymologico, Orthographico e Prosódico.* Livraria Francisco Alves, Rio de Janeiro: 1909.

Genoma: o futuro da ciência já começou. *O Estado de São Paulo,* 15.4.2003.

GILBERT, A. *Dictionnaire de Médicine.* Librairie J.B. Baillière et fils. Paris: 1908.

HAYFLICK, L. *Como e por que envelhecemos.* Editora Campus, São Paulo: 1994.

Identificado gene que transforma célula-tronco. *O Estado de São Paulo,* 31.5.2003.

Inquisição usou carta em processo contra Vieira. *O Estado de São Paulo,* 31.5.2003

Livro retrata a compulsiva arte de colecionar objetos. *O Estado de São Paulo,* 28.6.2003.

MATHIEU, B. *Génome Humain et Droits Fondamentaux.* Editora Economica, Paris: 1998.

MEDAWAR, P.B.; MEDAWAR, J.S. *A ciência da vida.* Zahar Editores, Rio de Janeiro: 1978.

________. *Conselho a um jovem cientista.* Editora Universidade de Brasília; 1982.

MORAES, I.N. *Atlas da Aterosclerose.* 2ª ed., Universitária Editora, Lisboa, 1997.

________. Cânones da Beleza. *Suplemento Cultural da APM,* dez. 2000.

________. *Enciclopédia de cirurgia vascular.* Editora Santos, São Paulo: 1987.

________. *Estratégia do diagnóstico vascular.* Livraria Atheneu Editora, Rio de Janeiro / São Paulo: 1991.

________. *Formação do médico.* Editora Roca, São Paulo: 1997.

________. *O especialista e o clínico geral.* Editora Roca, São Paulo: 1997.

________. *Sexologia, Sexo, Sexualidade e Sexualismo.* Editora Lejus, São Paulo: 1998.

Nos Estados Unidos, 51 mil pessoas ultrapassaram a barreira dos 100 anos. *O Estado de São Paulo*, 2.9.2001.

Os corpos que saíram da morgue para os museus. *O Estado de São Paulo*, 7.6.2003.

O médico-objeto. *Folha de São Paulo*, 25.3.2003.

O segredo do envelhecimento precoce. *O Estado de São Paulo*, 17.4.2003.

Ovelha Dolly empalhada vai ficar em museu. *O Estado de São Paulo*, 10.4.2003.

PACIORNIK, R. *Dicionário Médico*. 3ª ed., Guanabara Koogan: 1978.

PALOMBA, G.A. *Tratado de Psiquiatria Forense Civil e Penal*. Atheneu Editora São Paulo: 2003, 911p.

Poligamia pode ter sólida base biológica. *O Estado de São Paulo*, 24.4.1995.

Retratos do entardecer. *Rev. Pesquisa, Ciência e Tecnologia no Brasil*. nº 87, maio 2003.

RUSSEL, B. *A conquista da felicidade*. Editora Ediouro, São Paulo: 2002.

Sistema S. *Folha de São Paulo*, 22.6.2003.

Sociedade Brasileira de Anatomia. *Terminologia Anatômica*, 2001.

TRIVALLE, C. *Gérontologie Préventive*. Paris, 2002.

Um grande defensor dos trangênicos. *O Estado de São Paulo*, 27.1.2003.

VARELLA, D. *Aporte calórico e envelhecimento. Jornal do Médico*.

Variações sobre a humildade. *O Estado de São Paulo*. 07.6.2003.

Variações sobre a verdade. *O Estado de São Paulo*. 15.3.2003.

Índice Remissivo

As páginas seguidas pela letra *f* significam figura.

Q

R

S

T